Autor:
DENIS SILVA PUIG

EL SEGON ENTRENADOR DE FUTBOL

Dos àmbits diferents:
futbol professional i futbol base

©Copyright: "DENIS SILVA PUIG"
©Copyright: De la presente Edición, Año 2018 WANCEULEN EDITORIAL
©Copyright: Fotografía de la portada © FC BARCELONA, 2018/ AUTOR: Miguel Ruiz

Título: EL SEGON ENTRENADOR DE FÚTBOL. DOS ÁMBITS DIFERENTS: FUTBOL PROFESSIONAL I FUTBOL BASE

Autores: DENIS SILVA PUIG
Autora foto contraportada: Noelia Déniz

Editorial: WANCEULEN EDITORIAL
Sello Editorial: WANCEULEN EDITORIAL DEPORTIVA
Colección: WANCEULEN FÚTBOL FORMATIVO

ISBN (Papel)): 978-84-9993-863-9
ISBN (Ebook): 978-84-9993-864-6

DEPÓSITO LEGAL: SE 1184-2018

Impreso en España. 2018.

WANCEULEN S.L.
C/ Cristo del Desamparo y Abandono, 56 - 41006 Sevilla
Dirección web: www.wanceuleneditorial.com y www.wanceulen.com
Email: info@wanceuleneditorial.com

Reservados todos los derechos. Queda prohibido reproducir, almacenar en sistemas de recuperación de la información y transmitir parte alguna de esta publicación, cualquiera que sea el medio empleado (electrónico, mecánico, fotocopia, impresión, grabación, etc), sin el permiso de los titulares de los derechos de propiedad intelectual. Cualquier forma de reproducción, distribución, comunicación pública o transformación de esta obra solo puede ser realizada con la autorización de sus titulares, salvo excepción prevista por la ley. Diríjase a CEDRO (Centro Español de Derechos Reprográficos, www.cedro.org) si necesita fotocopiar o escanear algún fragmento de esta obra.

Agraeixo a totes les persones que m'han ajudat, sobretot als meus pares, al meu germà i a la Lydia.

DENIS SILVA PUIG

Nascut a Barcelona (1982), juga en totes les categories del Futbol Base del Club Gimnàstic de Tarragona fins als divuit anys, quan comença la llicenciatura de Ciències de l'Activitat Física i l'Esport a l'INEFC Lleida (2000). Combina els seus estudis entrenant a Benjamins de la UE Lleida i jugant a futbol en equips regionals (CD Mequinensa i CF Ascó), fins i tot exercint de preparador físic i jugador alhora. Poc abans de finalitzar la carrera, publica un article titulat *"Entrenamiento Integrado de la potencia Aeróbica Máxima en fútbol"* (2005).

Als vint anys, i després d'una lesió, decideix passar-se a les banquetes: tres temporades com a entrenador de cadets i infantils del Nàstic de Tarragona. Aprofita per treure's el títol d'Entrenador Nacional de Futbol a Melilla l'estiu del 2007 i per redactar el seu segon article: *"Estilos de entrenamiento y grado de satisfacción en jugadores de fútbol base"* (2009).

La temporada 2008/09 decideix deixar el seus treballs de professor d'Educació Física, coordinador de cadets-infantils i entrenador de l'Infantil "A" del Nàstic per començar una nova etapa a Madrid realitzant la seva Tesi Doctoral. Dedica dos anys a estudiar les "Accions a Pilota Parada" del primer equip del Getafe CF SAD, primer amb Víctor Muñoz i després amb Míchel González. Alhora ocupa les tardes treballant com a tècnic de la Fundación Atlético de Madrid dirigida per Milinko Pantic i impartint classes a l'Escola Nacional d'Entrenadors de Futbol de Madrid. La temporada 2010/11 torna a la seva ciutat natal acceptant l'oferta per entrenar l'Infantil "B" del FC Barcelona.

Ja com a entrenador de *la Masia* blaugrana, es doctora en Pedagogia defensant la seva Tesi Doctoral *"Praxis de las Acciones a Balón Parado. Revisión conceptual bajo las teorías de la Praxiología Motriz"* (2011) amb nota *Summa Cum Laude* per la Universitat Rovira i Virgili de Tarragona. Després de dues temporades a l'Infantil "B" i tres més a l'Infantil "A" del FC Barcelona, comença la seva carrera com a segon entrenador al Juvenil "B" de Quique Álvarez. Aquests anys segueix formant-se i obté, a La Ciudad del Futbol de Las Rozas, el títol d'*Entrenador de Futbol UEFA PRO* (2012) i, més tard, el *Màster Professional en Alt Rendiment en Esports d'Equip* a l'INEFC Barcelona (2016).

ÍNDEX

PRÒLEG **11**
INTRODUCCIÓ **13**
PART I: EL SEGON ENTRENADOR DE FUTBOL PROFESSIONAL **17**

    Mètode de recerca: L'entrevista 19
    Què és un entrenador i un segon entrenador de futbol
    professional 29
    Relació amb el primer entrenador 45
    Exfutbolistes i no exfutbolistes 55
    Primeres experiències 63
    Autopercepció 71
    Preocupacions, pressió, angoixa 75
    Majors satisfaccions 81
    Comunicació amb els jugadors 85
    Relació professional amb la premsa 95
    Sessions d'entrenament 99
    Partits 105
    Tecnologia: Anàlisi de vídeo 117
    Accions a Pilota Parada (ABP) 123
    Formació continuada 133

PART II: EL SEGON ENTRENADOR DE FUTBOL BASE **139**

    L'esport com una "Escola per a la Vida" 141
    El Futbol Base a Espanya 151
    Què és un entrenador i un segon entrenador de futbol base 155
    Rendiment esportiu de l'equip 161
    Seguiment individualitzat del jove jugador 167

REFERÈNCIES **183**

Nota:
El lector trobarà en aquest llibre expressions escrites en un sol gènere amb la intenció d'oferir una lectura àgil, evitant d'aquesta manera contínues expressions com a entrenador/a, jugador/a, pare/mare, etc. No obstant això, fem referència a tots dos sexes sense pretendre ésser un llenguatge sexista.

PRÒLEG

En fer el pròleg a aquest magnífic llibre d'en Denis, quan m'ho va proposar a través del meu amic Pere Gratacós (<u>que sempre fa barcelonisme per on passa</u>) i Sergio Vallecillo, vaig pensar en la gran responsabilitat que assumia i al mateix temps en l'honor que suposava el fer-me partícip d'aquesta obra. Gràcies per fer-me sentir aquest honor i ser partícip de la mateixa. Jo, com tu, sóc un enamorat del treball amb els joves i he estat segon entrenador durant molt de temps en totes les categories del futbol espanyol.

No és veritat la creença que afirma que del segon no s'escriuen titulars. La vida ens ensenya que els primers consoliden els seus èxits en els seus equips de treball. En aquest cas la raó és més sòlida, darrere de l'entrenador hi ha la figura del segon, del preparador físic, l'entrenador de porters... i de tots aquells que sumen per a l'èxit del conjunt.

Per què estic convençut d'això? Per la més senzilla de les raons, perquè no crec en la individualitat en esports d'equip.

El llibre que ens ocupa fa una profunda reflexió sobre aquesta figura i conclou en la més important de les opinions, el segon entrenador és la peça que fa cadena, que possibilita la seva solidesa i que ajuda a desenvolupar el treball del conjunt. La individualitat aplicada al futbol la defenso en l'esportista, en el jugador que posa en relleu la seva capacitat, però m'allunyo de les teories que només valoren al cap visible del projecte.

En el futbol modern aquesta reflexió no té discussió. I vaig més lluny, l'experiència em confirma que l'èxit del grup es basa en l'aportació individual de cada component.

La realitat que veiem diàriament ens permet observar la importància del segon en el desenvolupament de la feina de l'entrenador. Diria més, el segon està pendent d'aquells detalls que passen desapercebuts, i en la meva experiència he après molt dels meus segons que, per cert, han arribat a primers per la seva vàlua.

Espero que aquesta iniciativa que has tingut serveixi, almenys, com punt d'inflexió per a tots aquells que treballin cada dia al futbol i, sobretot, els faciliti a tots el conèixer la tasca en silenci i respectuosa d'aquesta gran figura que és el segon entrenador.

Gràcies per triar-me d'entre tants companys per prologar aquest magnífic llibre, i me n'alegro enormement que et sorgís la idea quan vas venir a les Jornades de Re-avaluació de Llicències PRO de UEFA que organitzem a la RFEF. Ara espero que els nostres companys sàpiguen treure partit del teu magnífic treball. Moltes gràcies.

Ginés Meléndez Sotos
Director Tècnic-Coordinador de Seleccions Nacionals
Director de l'Escola Nacional d'Entrenadors
Instructor UEFA i FIFA
Membre del Jira Panel de UEFA

INTRODUCCIÓ

El segon entrenador de futbol existeix fa dècades, essent avui en dia una figura normalitzada dins d'un cos tècnic, amb els seus rols, funcions i responsabilitats; principal raó per la qual cosa em resulta estrany que mai ningú s'hagi parat a estudiar i descriure aquesta professió.

Sempre he estat el tècnic principal dels equips que he entrenat fins que un dia Jordi Roura i Aureli Altimira, coordinadors del futbol formatiu del FC Barcelona, em van proposar ser el segon entrenador del juvenil. Va ser des de llavors, i mogut sobretot per la meva curiositat i ganes de seguir aprenent, quan vaig començar a pensar en aquest llibre. Si volia formar-me en la meva nova posició només podia fer-ho preguntant a tercers i observant entrenaments, em faltava un dels pilars que ha sostingut la meva formació des de sempre: l'estudi i la lectura. Tot apreciant aquesta evident manca de bibliografia específica entorn el segon, aquestes pàgines esperen omplir el gran buit que fins la data existia.

L'obra està clarament dividida en dues parts: la primera es basa en descriure el segon entrenador de futbol professional, i no he trobat una manera més pràctica de fer-ho que preguntar mitjançant una entrevista. Cada segon entrevistat ha aportat amb matisos personals les seves experiències viscudes al costat dels tècnics de futbol més reconeguts, estic parlant de persones que treballen dia i nit al costat d'entrenadors de la talla de Vicente del Bosque, Ernesto Valverde, Luis Enrique, Pep Guardiola, Mauricio Pochettino, Sergio González, Quique Sánchez Flores i Paulo Sousa.

La segona part s'ocupa i es preocupa del futbol base, sent aquest un tema viscut en primera persona a clubs com Atlético de Madrid i FC Barcelona. La meva proposta és dotar al segon entrenador de futbol base d'un rol més formatiu i educatiu del que ve donant-se actualment, volent dirigir els seus esforços cap a dues dimensions: el rendiment esportiu de l'equip (el que la gran majoria de segons fan) i el seguiment individualitzat del jove jugador (el que molt pocs fan). Aquesta segona dimensió serà descrita en l'últim capítol intentant demostrar una nova visió cap al segon de futbol base, qui sota la meva argumentació ha de dedicar el seu temps a millorar el jugador com a esportista i també com a persona d'una forma el més individualitzada i integradora possible.

Ja sabem que l'esport és alguna cosa més que un simple passatemps per a les persones, cada societat té els seus esports favorits, i a Espanya, així com gran part de la Comunitat Europea, el futbol es presenta com "l'esport rei". El seu entorn mou milions d'euros, genera milers de llocs de treball, crea tendències socials, i desperta passions i il·lusions, però també provoca disgustos, desigualtats, injustícies i violència. La necessitat del guanyar per sobre de tot, per sobre fins i tot dels propis valors de l'esport, fan perillar la seva pròpia integritat. Segons Gimeno i Valero (1998) això és degut a una *"híperesportivització"* de la vida actual. Destaco algunes reflexions actuals dels nostres futbolistes més rellevants dels últims anys. Per exemple *Quini,* mític davanter i màxim golejador del Sporting de Gijón i del FC Barcelona els anys setanta i vuitanta, quan se li pregunta sobre el significat de ser esportista apunta (www.ligabbva.com):

> *"Significa donar lliçons al camp amb els nostres actes. Tinc clar que al futbol actual li falta educació. S'ha perdut el respecte, ja no es transmeten valors. I no crec que sigui culpa dels diners, perquè el futbol sempre va moure molts diners i abans no era així".*

El futbol és un esport en el qual competeixen dos equips, és la recerca i preparació contínua de la victòria contra un conjunt de persones tant o millor preparades que tu. En un entorn social tan ferotge i competitiu com l'estat capitalista en què es viu avui en dia, on tantes persones es preparen dia a dia amb la creença que sempre hi ha algú millor que tu en algun lloc del món, fan que vulguem conèixer i preparar-nos millor cada dia. I com és lògic, com més gent està interessada en alguna cosa, més creix. I és que el populisme entorn el futbol fa que hi hagi cada vegada més persones involucrades d'una manera directa o indirecta, el que comporta una forta especialització en tots els seus àmbits: tecnologia, educació, rendiment, preparació física, medicina, psicologia, metodologia, etc. Això explica perquè la societat es pregunta si la creixent especialització és realment adequada. Ens preguntem entre moltes altres coses, si realment fan falta cinc o sis persones en un cos tècnic, fins a quin punt són útils tots aquests recursos tecnològics, si són necessàries totes les titulacions requerides per a cada càrrec, si cinc àrbitres veuen més que tres.

El futbol s'estudia en graus universitaris, en màsters acadèmics i màsters professionals, es programen ponències, conferències i congressos amb convidats i ponents de renom per tot el món, es fan cursos i llicències especialitzades per cada càrrec (primer entrenador, preparador físic, entrenador de porter, coordinador d'escoles, director esportiu, agent de jugadors, etc.) i s'escriuen llibres així com nombrosos articles científics sobre tot tipus de temes relacionats. De fet, es creen modes o tendències dins un mateix paradigma, *grosso modo:* els anys setanta van destacar per l'entrenament de la tècnica d'una manera més analítica, els vuitanta per la preparació física basada en esports individuals com l'atletisme, els noranta va evolucionar cap a la preparació física específica amb l'intent d'adaptar-se als requeriments i necessitats fisiològiques del propi joc, i sembla que la tendència actual està sobre la tàctica i la seva metodologia d'entrenament.

És a causa d'aquesta especialització que es creen nous càrrecs en els organigrames dels clubs i en els staffs dels equips. Encara que als tècnics de dècades passades se'ls faci difícil entendre l'actual situació, qui s'encarregaven de tot només una o dues persones, afortunadament això ja no és així. L'entrenador de futbol d'avui en dia és una persona titulada que ha de gestionar a la perfecció el seu cos tècnic tant com a la seva plantilla de jugadors. Ja no treballa sol, ara està acompanyat per un grup de tècnics especialitzats que l'ajuden a controlar els condicionants de rendiment del seu equip. Una d'aquestes persones és el segon entrenador, figura ineludible per a un equip del futbol actual.

Hi ha multitud de publicacions sobre preparació física, entrenament de porters, mètodes d'entrenament, tàctica, tècnica, motivació, lideratge, rehabilitació i readaptació de lesionats, dieta i suplements, tecnologies, etc., però fins avui no he trobat literatura específica sobre el segon entrenador. No s'ha analitzat en profunditat ni amb el rigor que requereix, ni d'acord amb l'especialització actual d'aquest esport. D'aquí neix la necessitat d'estudiar-lo en profunditat i la conseqüent creació de la present obra. Per això les raons que donen utilitat al llibre, seguint els criteris per avaluar la importància d'una investigació (Hernández *et al.,* 2007: 51-52), són:

- **Conveniència. Per a què serveix?**

Serveix per donar a conèixer els rols i les funcions que realitza un segon entrenador de futbol professional, les seves majors responsabilitats dins del staff, la relació que s'estableix amb el tècnic principal i el tipus de comunicació que manté amb els jugadors. Podrà notar les diferències amb el segon en futbol base, tasca focalitzada sobretot en aspectes més formatius i educatius.

- **Rellevància social. Qui es beneficiarà amb els resultats de la investigació?**

Els beneficiaris directes seran totes aquelles persones que estiguin interessades a treballar com a segons entrenadors, bé sigui en el futbol professional com en el futbol base. Els tècnics principals també poden beneficiar-se de la lectura del llibre, ja que els ajudarà a guiar i aconsellar millor als seus segons de com ha de ser la seva feina.

- **Implicacions pràctiques. Ajudarà a resoldre algun problema real?**

El problema principal sobre la figura del segon és que fins al dia d'avui la formació especialitzada és molt escassa, no existeixen publicacions específiques. Amb aquest text obrim un nou ventall de possibilitats per a aquells que estiguin interessats, que desitgin formar-se en les peculiaritats del dia a dia del segon entrenador de futbol.

- **Valor teòric. Es podran generalitzar els resultats a principis més amplis? La informació que s'obtingui pot servir per revisar, desenvolupar o donar suport a una teoria?**

Malauradament, i com acabo d'assenyalar, no hi ha publicacions amb rigor sobre el tema, el que ens porta a no poder comparar les conclusions amb altres textos. Aquest és un dels principals motius pels quals s'ha preferit preguntar, mitjançant una entrevista a segons entrenadors professionals, els quals pronuncien les seves experiències i coneixements després de respondre a les preguntes que se'ls va realitzar.

PART I

EL SEGON ENTRENADOR
DE FUTBOL PROFESSIONAL

MÈTODE D'INVESTIGACIÓ: L'ENTREVISTA

*"Mai hi ha una segona oportunitat
per a una primera impressió".*

OSCAR WILDE

Podria pensar i fins i tot exposar les meves pròpies vivències en els juvenils del FC Barcelona, però el que busco en el llibre és analitzar en profunditat la figura del segon entrenador de futbol per aportar al lector diferents experiències i punts de vista. No he trobat millor manera de fer-ho que preguntar mitjançant una entrevista a aquelles persones que viuen en el seu dia a dia el càrrec de segon en el futbol professional.

L'entrevista està dividida en tres dimensions: trajectòria professional, identitat i coneixement; estructura basada en el llibre de la meva Directora de Tesi, Carmen Pérez (2004), qui descriu la personalitat de diversos entrenadors esportius, concretament en el futbol: Radomir Antic, José Antonio Camacho, Johan Cruyff, Víctor Fernández i Jorge Valdano.

Les dimensions i preguntes que es realitzen als segons entrenadors professionals són les següents (fig. 1):

1. TRAJECTÒRIA PROFESIONAL	1.1. Dades personals, estudis i context professional
	1.2. Experiència com a entrenador
	1.3. Experiència com a segon entrenador
	1.4. Situació actual
2. IDENTITAT	2.1 Autopercepció
	2.2. Preocupacions professionals
	2.3. Estilo de comunicació amb jugadors i entrenador
3. CONEIXEMENT	3.1. Model d'entrenament
	3.2. Vies d'aprenentatge
	3.3. Tecnologies
	3.4. En competició: pre partit, partit, post partit

Figura 1. Dimensions de l'entrevista als segons entrenadors.

La primera dimensió *Trajectòria Professional* pregunta sobre les dades personals, les activitats esportives que va practicar anteriorment, altres treballs, l'experiència que hagi tingut (o no) com a primer entrenador, l'experiència com a segon en altres clubs així com els seus inicis i la seva situació actual al club.

1.1. Dades personals

- Nom i cognoms
- Data de naixement
- Lloc de naixement
- Estudis realitzats
- Quina activitat esportiva va practicar?
- Treballs diferents a l'actual
- Anys d'experiència com a segon entrenador
- En quins clubs?

1.2. Experiència com a entrenador

- Ha exercit alguna vegada com a primer entrenador?
- On i quan?
- Li agradaria ser-ho de nou?

1.3. Experiència com a segon entrenador

- On va començar a exercir?
- Quan?
- Descriu com van ser els seus primers mesos d'experiència
- Quins aspectes li causen més satisfacció en l'exercici de la seva professió?

1.4. Situació actual

- Data d'arribada al club actual
- Història personal viscuda al club

La segona dimensió *Identitat* pregunta sobre aspectes de la pròpia vida professional del segon, endinsant-nos en l'autopercepció, les seves preocupacions professionals, el que li provoca angoixa i pressió, sobre la seva relació i estil de comunicació amb els jugadors, amb el tècnic principal i amb la premsa.

2.1. Autopercepció

- Com jutja la seva tasca dins del staff?
- Sent que l'entrenador el necessita?

2.2. Preocupacions professionals

- Sent angoixa, pressió, aclaparament a la feina?
- Quines coses li fan sentir angoixa, pressió, aclaparament?
- Quina és la seva major preocupació en l'exercici de la seva professió?

2.3. Estil de comunicació

- Creu necessari prendre temps per conèixer-se amb els seus esportistes com a part important de l'èxit esportiu? Conèixer com són, el que senten, les seves preocupacions, els seus interessos?
- Quin tipus de comunicació té amb els seus jugadors, grupal o de manera més individual?
- Creu que la comunicació que té vostè amb els jugadors és molt diferent de la que tenen amb el primer entrenador?
- Quin tipus de relació té vostè amb el primer entrenador?
- És sempre sincer amb ell?
- Li dóna sempre el seu punt de vista? Fins i tot quan intueix que no li agradarà el que li dirà?
- Quin tipus de relació té amb la resta dels integrants del staff?
- Quin tipus de relació té amb els representants dels jugadors?
- I amb la premsa?

La tercera dimensió *Coneixement* pregunta sobre les seves funcions i responsabilitats, les vies d'aprenentatge i formació continuada, l'ús de les tecnologies més comunes com el vídeo i, en competició, sobre el seu paper en els pre partits, durant el partit i si realitza algun tipus de treball en el post partit.

3.1. Model d'entrenament

- Quines parcel·les d'entrenament/rendiment abasta el seu treball?
- Quines funcions i responsabilitats tenen el seu càrrec?

3.2. Vies d'aprenentatge

- Ha seguit formant-se?

- Com es forma de manera continuada?

3.3. Tecnologies

- Utilitza el vídeo amb els seus jugadors?
- Per a què l'utilitza?
- Quina altra tecnologia utilitza en les seves tasques?

3.4. En competició

- Quins aspectes del pre partit prepara com a segon entrenador?
- Durant el partit, en què ajuda a l'entrenador?
- Percep que el seu punt de vista és escoltat i valorat positivament durant el partit?
- Fa una anàlisi del post partit?
- Ho fa conjuntament amb l'entrenador o sol?
- Considera que pot aportar alguna dada més que cregui important que no estigui present en les preguntes realitzades?

El criteri per a l'elecció dels segons entrenadors, va ser bàsicament que pertanyessin a entitats de màxima competició les temporades en què van ser entrevistats. Aquests van ser escollits de manera intencional, segons Cohen i Manion (1990, extret de Pérez, 2004) és una mostra no probabilística i definida com *mostreig intencional*, ja que el procés consisteix a seleccionar a mà els casos que seran inclosos basant-se en el propi judici de l'investigador i per satisfer les necessitats específiques de la investigació. Són vuit homes de nacionalitat espanyola que, en el moment en que se'ls va entrevistar, quatre exercien a Espanya, dos a Anglaterra, un a Alemanya i l'últim a Itàlia. Per a l'elecció concreta de cada un d'ells, la via d'accés va ser diferent en cada cas. Per a alguns vaig haver de posar-me en contacte amb diversos coneguts i amics i arribar així fins a ells a través de la seva col·laboració, mentre que per a d'altres va ser més fàcil gràcies a una relació més personal.

A continuació es realitza un breu resum de cada segon entrenador entrevistat per a que el lector pugui identificar més fàcilment en les següents pàgines les declaracions i vivències personals de cadascú.

Segon entrenador	Primer entrenador	Equip temp. 2015/16	Lliga
Jesús Pérez	Mauricio Pochettino	Tottenham Hotspur FC	Premier League, Anglaterra
Jon Aspiazu	Ernesto Valverde	Athletic Club de Bilbao	Liga BBVA, Espanya
Diego Ribera	Sergio González	RCD Espanyol	Liga BBVA, Espanya
Domenec Torrent	Pep Guardiola	FC Bayern Munchen	Bundesliga, Alemanya
Alberto Giráldez	Quique Sánchez Flores	Watford FC	Premier League, Anglaterra
Toni Grande	Vicente del Bosque	Selección Nacional España	-
Juan Carlos Unzué	Luis Enrique Martínez	FC Barcelona	Liga BBVA, Espanya
Víctor Sánchez	Paulo Sousa	ACF Fiorentina	Serie A, Itàlia

Figura 2. Segons entrenadors entrevistats.

JESÚS PÉREZ (segon de Mauricio Pochettino)

Jesús Pérez va néixer a Barcelona l'any 1971, és llicenciat en Ciències de l'Activitat Física i l'Esport (INEFC), graduat en el Mestratge d'Educació Física, té un Màster especialitzat en la preparació física de futbol (RFEF) i la llicència UEFA PRO d'entrenador. Va practicar de molt jove l'atletisme i després va jugar al futbol, però no s'hi va dedicar de forma professional. Ha treballat com a coordinador de les escoles de futbol del Alcanar CD i del Gimnàstic de Tarragona, i ha portat la gestió esportiva de la seva pròpia empresa, a més va ésser diverses temporades preparador físic professional de futbol. Com a segon entrenador professional, posseeix vuit anys d'experiència des de la temporada 1999/2000 en el Real Múrcia CF, al Rayo Vallecano, a la Unió Esportiva Almeria, al RCD Espanyol, i actualment, des de la 2014/15, al Tottenham Hotspur FC de la Premier League anglesa, equip pel qual acaba de renovar cinc temporades més. Cal destacar que en aquesta última temporada 2015/16 gairebé aconsegueixen el títol, només per darrere del sorprenent campió, el Leicester City FC. Jesús va exercir com a tècnic principal en el CD Alcanar de regional i actualment no li agradaria ser-ho de nou.

JON ASPIAZU (segon d'Ernesto Valverde)

Jon Iñaki Aspiazu, nascut a Bilbao el 1962, es va llicenciar en Ciències de la Informació especialitzat en periodisme i publicitat. Ho va fer després de la seva carrera com a futbolista professional a Espanya que va començar al filial de l'Athletic Club. Va treballar com a cap de compres en una empresa de productes refractaris i ho va combinar sent col·laborador esportiu en premsa escrita, ràdio i televisió local. Jon acumula una experiència com a segon de tretze temporades en diferents clubs; en el primer equip de l'Athletic Club és la seva tercera temporada (des de la 2013/14). Quan va obtenir el títol d'entrenador, va treballar com a tècnic en equips de la tercera divisió basca com l'Amurrio Club la temporada 1996/97 i a Segona Divisió B després de l' ascens aquesta mateixa temporada. El CD Aurrera de Vitòria (1998/1999) també va ser un dels seus destins en la divisió de bronze espanyola. Potser aquest fet li propiciï a pensar que li agradaria ser primer de nou, encara que de moment ho consideri improbable.

DIEGO RIBERA (segon de Sergio González)

Diego Ribera va néixer a València l'any 1977, es va treure un Grau Superior en Administració i Finances després de finalitzar la seva carrera professional com a futbolista. Actualment està estudiant per treure's el títol d'entrenador UEFA PRO, va treballar com a tècnic del juvenil de primera divisió i alhora Director Esportiu del Riba-roja CF de València, després va fitxar com a segon de Sergio González al RCD Espanyol la 2014/15, club en el qual van coincidir com a jugadors del filial a 1997/98, temporada en que tots dos van pujar al primer equip. La seva experiència com a segon és d'un any i mig, ja que van ser destituïts en desembre de 2015. No li agradaria, a hores d'ara, tornar a les banquetes com a primer entrenador ja que se sent a gust com a segon de Sergio González.

DOMENEC TORRENT (segon de Josep Guardiola)

Domenec Torrent va néixer l'any 1962 a Santa Coloma de Farners, província de Girona. Va jugar al futbol però no va tenir una dedicació professional, va començar primer de carrera en Dret i va treballar durant anys com a funcionari de l'administració pública. Després de treure's el títol d'entrenador UEFA PRO, va combinar el seu treball amb el de tècnic en equips de la tercera divisió catalana com el FC Palafrugell, després va passar a dirigir el Palamós CF a la Segona Divisió B, i finalment va recalar al Girona FC de tercera divisió, on la temporada 2005/06 va ascendir de categoria. Actualment no desitja tornar a exercir com a primer entrenador de futbol. Com a segon posseeix tres temporades d'experiència, les tres amb Josep Guardiola a càrrec del FC Bayern Munchen, i ara acaben de signar un nou contracte per tres temporades amb el Manchester City anglès.

ALBERTO GIRALDEZ (segon de Quique Sánchez Flores)

Alberto Giráldez, natural de Santiago de Compostel·la, va néixer l'any 1960. Es va llicenciar en Ciències de l'Activitat Física i l'Esport (INEFC de Barcelona) especialitzat en el mestratge de futbol, i més tard es va treure el títol d'entrenador UEFA PRO així com diversos màsters: Especialista Universitari en Directors Esportius, Psicologia de l'Activitat Física i l'Esport, Preparació Física en el Futbol i Direcció de Futbol. Va ser futbolista professional per dues temporades a la Segona Divisió B, després va dedicar la seva carrera professional a ser preparador físic en clubs de segona i primera divisió espanyola com Real Valladolid, Sevilla FC, Valencia CF, Real Madrid (campió de Lliga 1994/95 amb Jorge Valdano), CD Tenerife i Celta de Vigo. Passats els seus anys de preparador físic professional, Giráldez es va dedicar al futbol base sent Coordinador de les categories inferiors del Real Madrid des de 2001 fins a 2006 i Director de Formació de les mateixes entre 2009 i 2012. Anteriorment va treballar per el futbol base de clubs com el CD Manacor, Celta de Vigo, Real Valladolid i Valencia CF. La seva última aventura al futbol formatiu la va passar en el Sporting Cristal de Lima (Perú) els anys 2013 al 2015, just abans de marxar a Anglaterra amb Quique Sánchez Flores.

Alberto Giráldez acumula un total de trenta-dues temporades al futbol professional. Com a segon entrenador ja són tres temporades d'experiència, una al Rayo Vallecano de la Segona Divisió Espanyola (2008/09), una al Getafe CF a la Primera Divisió (2014/15) i una última al Watford FC (2015/16). Alberto ha signat recentment un nou contracte al costat de Quique Sánchez Flores per començar la temporada 2016/17 amb el RCD Espanyol.

Com a primer entrenador va estar a càrrec de les banquetes del col·legi La Salle de Barcelona Juvenils i Preferent, actualment no vol ser-ho de nou, almenys de moment.

TONI GRANDE (segon de Vicente del Bosque)

José Antonio Grande, nascut a València l'any 1947, va estudiar de delineant a Batxillerat, dedicant-se professionalment al futbol des de molt jove, debuta a primera divisió amb el Real Madrid l'any 1968/1969, aconseguint el primer dels dos títols de Lliga del seu palmarès personal, a més jugaria els Jocs Olímpics de Mèxic el 1968 amb la Selecció Olímpica Espanyola. La temporada següent guanyaria la Copa del Rei també com a jugador del Real Madrid. Un cop es va retirar com a futbolista, Grande ha realitzat en múltiples ocasions diferents tasques socials. Va exercir diverses temporades com a primer entrenador a les categories inferiors del Real Madrid, actualment declina tornar a exercir com a primer en cap equip. Com a segon professional porta acumulades disset temporades repartides entre clubs com: Real Madrid, on va iniciar la seva carrera de segon amb el tècnic italià Fabio Capello, després amb Jupp Heynckes, Guus Hiddink i finalment amb Vicente del Bosque, de qui ja no s'ha separat professionalment; Besiktas JK i la Selecció Nacional Absoluta de Futbol. Després de l'Eurocopa 2016 deixen el càrrec junts.

JUAN CARLOS UNZUÉ (segon de Luis Enrique)

Juan Carlos Unzué Labiano va néixer a Pamplona el 1967, va finalitzar els seus estudis bàsics i va dedicar disset anys a ser porter de futbol professional en diferents equips de la primera divisió espanyola: Club Atlético Osasuna, FC Barcelona, Sevilla FC, CD Tenerife i Real Oviedo. Just després de retirar-se com a jugador va passar a ser preparador de porters del primer equip del FC Barcelona de Frank Rijkaard i després va seguir amb Pep Guardiola. Seguidament va provar sort com a primer entrenador al CD Numancia de Soria la temporada 2010/11 i en el Real Racing de Santander la 2012/13, en el qual només va poder dirigir l'equip cinc setmanes de pretemporada.

Ja en la temporada 2013/14 comença el seu nou cicle com a segon de Luis Enrique al Real Celta de Vigo, tornant al club blaugrana la següent temporada fins a l'actualitat, destacant pels èxits aconseguits en ambdues temporades: dues Lligues, dues Copes del Rei i una Champions League. El seu pas per diverses banquetes i sota diferents místers, conjuntament amb la seva varietat de càrrecs, mostren les inquietuds d'Unzué, a qui li agradaria exercir de nou com a primer entrenador.

VÍCTOR SÁNCHEZ (segon de Paulo Sousa)

Víctor Sánchez Lladó, nascut a Mataró (Barcelona) el 1981, va jugar al futbol però no de manera professional. Va estudiar un Cicle Formatiu de Tècnic Superior en Animació d'Activitats Físiques i Esportives, es va llicenciar més tard en Ciències de l'Activitat Física i l'Esport, va cursar un Màster d'Esports Col·lectius i es va treure el Nivell UEFA PRO de futbol. Víctor, abans de ser segon entrenador professional, va exercir com a entrenador personal en un gimnàs i va ser coordinador d'activitats extraescolars en dos col·legis, a més va exercir de tècnic en categories inferiors en clubs com el CE Llavaneres, el UE Vilassar de Mar, el CE Mataró i quatre temporades en els cadets del FC Barcelona. La seva primera experiència com a segon es remunta a la temporada 2004/05 al Juvenil A del RCD Espanyol. Actualment comença la seva quarta temporada consecutiva com a segon de Paulo Sousa en equips de renom internacional: Maccabi Tel Aviv FC d'Israel a la 2013/14, FC Basel de Suïssa la 2014/15, i des de la 2015/16 en l'ACF Fiorentina italià. Víctor se sent molt a gust al costat del portuguès, i ara per ara no li agradaria exercir de nou com a primer entrenador.

QUÈ ÉS UN ENTRENADOR I UN SEGON ENTRENADOR DE FUTBOL PROFESSIONAL

"No només el jugador ha d'entendre el tècnic. El tècnic també ha d'entendre el jugador".

DIEGO SIMEONE

L'ENTRENADOR DE FUTBOL PROFESSIONAL

Encara que el concepte entrenador, segons la Real Acadèmia Espanyola (www.rae.es) és *"persona que entrena"*, no ajuda a diferenciar-lo del segon, ja que aquest també és una persona que entrena. Trobant multitud de definicions sobre el concepte d'entrenador, he escollit un argument ben detallat d'Abelairas, *et al.* (2012):

> *"La definició d'entrenador comporta multitud d'accepcions, des de tipus i característiques fins al que considerem com a entrenador. Doncs bé, per a molts només és aquella persona encarregada de preparar l'esportista realitzant exercicis amb l'objectiu de dirigir l'esportista en la seva evolució. En canvi per a molts altres autors l'entrenador va molt més enllà, aconseguir instruir un conjunt de jugadors, de persones cada vegada més formades tant física com tècnica i tàcticament amb l'única premissa de millorar en el rendiment. Després de veure aquestes definicions el que s'ha de buscar és un equilibri entre tot, és a dir, aconseguir una adequada preparació cap als objectius que s'han plantejat en la temporada, amb un treball conjunt de totes i cadascuna de les parts implicades, intentant millorar cada dia en l'exercici de seva activitat".*

Julio Mera en la dècada dels setanta destaca que l'entrenador és en un equip de futbol el vuitanta per cent del que pugui valer, a més descriu les habilitats que ha de dominar (1975: 13):

> *"Els equips plens «d'estrelles», sense entrenador competent, podran guanyar alguns partits; però mai seran conjunts consistents i de joc més o menys semblant (...)".*

"En realitat considero que l'entrenador ben preparat és un professional, doncs per ser un bon DIRECTOR TÈCNIC cal el següent:

1. Cultura (encara que sigui mitjana)

2. Intel·ligència

3. Coneixements psicològics (estudis de Psicologia)

4. Equanimitat

5. Bona salut

6. Coneixements d'Anatomia

7. Coneixements de Fisiologia

8. Amplis coneixements de GIMNÀSTICA (tots els tipus)

9. Ampli coneixement de la TÈCNICA MODERNA DE FUTBOL

10. Coneixements de Metodologia

11. Disciplina model

12. Responsabilitat Esportiva

13. Sentit de l'amistat".

Per les mateixes dates l'important professor llatinoamericà, Alberto Langlade, primer ajudant del Professor De Heguedus i després Cap d'Estudis del *Institut Superior d'Educació Física d'Uruguai* (ISEF), dedica un capítol a descriure el tècnic d'alta competició com un educador, administrador i tècnic, concloent que (1976: 45-46):

• *L'entrenador ha de predicar sempre amb l'exemple en el que fa a la seva presentació personal, puntualitat, ordre i urbanitat.*

• *La seva actuació ha de ser segura i definida. Els seus ensenyaments han de portar la impressió de la força de la seva convicció, de la seva alegria, de la seva serietat i de la seva personalitat.*

• *Ha de gestionar els seus jugadors amb tranquil·litat, afecte i paciència, sense que l'ús d'aquestes qualitats signifiqui col·locar en segon terme l'obediència i l'ordre.*

• *Ha de procurar obtenir la confiança dels seus jugadors, demostrant interès per ells i, sobretot, procedint amb justícia i equitat en tots els casos. Els jugadors són extraordinàriament sensibles -pel seu estat de «Forma»- a tot acte que segons el seu pensament signifiqui una injustícia o una arbitrarietat. La justícia exigeix que l'Entrenador no només observi i corregeixi els defectes i faltes que es cometin, sinó que ha de reconèixer i premiar amb paraules d'alè una feina ben feta i els progressos aconseguits.*

• L'entrenador ha de conèixer les capacitats i les reaccions de cadascun dels seus jugadors, com així els seus punts febles i els seus defectes.

• Abans de donar ordres i instruccions ha de meditar sobre el que va a fer, estar segur de la seva necessitat i de la possibilitat que siguin complertes per la major part dels jugadors.

• L'entrenador mai ha d'exigir més del que les possibilitats físiques -en aquest moment- li permetin efectuar als seus jugadors. Si s'exigeix massa, es pot provocar desànim i enuig.

• Mai l'entrenador proferirà insults, paraules injurioses i imprecacions, ni utilitzarà els «agents» d'entrenament com a càstig. És important que el to de veu i els gestos de l'entrenador no delatin la pèrdua del control dels seus estats emocionals.

• És mal entrenador, aquell que confon la correcció en la execució amb la sistemàtica recerca de petiteses i el que per exigir obediència s'irrita, dóna fortes veus de comandament i es mou incessantment d'un costat a un altre, la seva manera de procedir farà mal efecte, provocarà estats negatius en els seus jugadors i desprestigiarà la seva tasca, encara que es tracti del millor i més competent tècnic.

També enumera una sèrie d'atributs que ha de tenir:

1. ELS MORALS: honestedat; vida privada i professional irreprotxables; temperament en els hàbits; i ètica professional.

2. ELS CARACTERIALS: confiança en si mateix; domini de si mateix; bon humor; accessibilitat i bon criteri; vocació professional; exaltat sentiment de responsabilitat; i puntualitat.

2. ELS INTEL·LECTUALS: àmplia cultura general; sòlida preparació tecnicoprofessional, assentada en una bona base, científica i pedagògica.

4. ELS FÍSICS: bona salut; bon estat atlètic, ràpida percepció visual i auditiva; bona dicció i correcta impostació.

Sobre l'entrenador professional de futbol actual s'ha de tenir present que ja no treballa sol. Fa més de tres dècades, Bauer i Ueberle redacten (1988: 109):

"Avui dia ja no es pot parlar només d'entrenador de l'equip en la primera divisió. Per entendre-ho en la seva totalitat cal especificar si es tracta de primer entrenador, col·laborador, preparador físic o ajudant".

Aquí a Espanya es troben textos sobre l'entrenador i el *"Quadre tècnic"* de qui va ser el meu professor de l'assignatura de futbol a l'INEFC Lleida els anys noranta i dos mil, Antoni Gomà (1999: 118):

"La idea antiga de l'entrenador que realitza multitud de funcions dins d'un equip, actualment ja està en desús... És l'encarregat de recopilar tota la informació provinent de les altres persones que conformen el quadre tècnic amb l'objectiu d'ensinistrar a l'equip i portar-lo, futbolísticament parlant, al lloc més alt possible".

Més recentment, Patricia Ramírez, psicòloga especialista en equips de futbol com el Betis Balompié de Pepe Mel, planteja la relació del tècnic amb el seu staff (2015: 32):

"Com a líder, l'elecció del teu cos tècnic és una tasca molt important. El cos tècnic també el tens a l'empresa, amb els caps d'equip, caps de secció, subdirectors d'àrea, etc. Els has triat perquè et complementen, t'ajuden a tenir més informació i et faciliten la feina. Són especialistes i professionals en la matèria, i el normal és que sàpiguen més que tu de les seves especialitats. Estàs per sobre d'ells només perquè tu ets responsable del seu treball, però no ho interpretis com «el que mana aquí sóc jo i per això sé més que tots». Només has de dirigir el grup. Dirigir i organitzar no és sinònim de manar".

Avui dia hi ha cossos tècnics professionals amb molts càrrecs relacionats amb els diferents àmbits de rendiment; a més, dins de cada un pot haver-hi un grup de treball de diverses persones:

a). Tècnics esportius:

- Primer entrenador
- Segon entrenador
- Tercer entrenador

b). Preparadors físics:

- Primer preparador físic
- Segon preparador físic
- Tercer preparador físic

c). Entrenador de porters

d). Serveis mèdics:

- Metge principal
- Metge auxiliar

e). Fisioterapeutes:

- Primer fisioterapeuta
- Segon fisioterapeuta
- Tercer fisioterapeuta

f). Psicòleg esportiu

g). Scouters:

- Scouting rivals
- Scouting propi equip
- Scouting jugadors

h). Delegat

i). Altres càrrecs extra esportius:

- Responsable del material
- Responsable de seguretat
- Responsable de comunicació
- Responsables del camp

Malgrat totes les persones que treballen al voltant d'un cos tècnic esportiu a les ordres del primer entrenador, aquest ha de saber moure's no només en un vestidor o en un terreny de joc, sinó que a més es troba implicat en situacions de múltiples àmbits. Bauer i Ueberle (1988) els enumeren fa ja diversos anys:

1. L'entrenador com a especialista en el camp esportiu
2. L'entrenador com ensenyant
3. L'entrenador com «impulsor de la motivació»
4. L'entrenador com a ajudant humà i tècnic
5. L'entrenador com a funcionari
6. L'entrenador com a col·laborador de la presidència
7. L'entrenador com a especialista a nivell administratiu
8. L'entrenador com a representant davant l'opinió pública

D'altra banda, en diferenciar en l'actualitat els conceptes primer entrenador i segon entrenador entre la llengua castellana i l'anglosaxona, veiem que en anglès del Regne Unit (British English) parlen de *manager* i *assistant manager*, respectivament, mentre que en anglès dels Estats Units (American English) de *head coach* i *assistant head coach*.

Català	British English (UK)	American English (US)
Futbol	Football	Soccer
Primer entrenador	Team manager	Head coach
Segon entrenador	Assistant coach	Assistant coach

Figura 3. Diferències actuals entre la llengua castellana, anglesa i americana.

El terme *manager* és deu a que el concepte de primer entrenador a Anglaterra tenia un poder molt més profund dins del club que a Espanya. Per exemple, la seva dedicació no només estava dirigida als entrenaments, tàctiques i estratègies de l'equip, sinó que a més tenia potestat econòmica sobre la confecció de la plantilla, la configuració d'altes i baixes. Com escriu Malcolm Cook en un capítol titulat "Acomiadant el jugador" (1982: 39):

> *"El manager sovint ha de prendre decisions impopulars i desagradables com expulsar de l'equip a jugadors (...). El manager pot fer fora jugadors per diverses raons, com la baixa forma, per decisions tàctiques, lesió o per falta d'experiència en partits. Ell ha de tenir coratge i tacte al fer-ho...".*

Per tant la figura del manager anglès era més que un entrenador, com l'anomenaven a Anglaterra, "The hot seat" (la cadira calenta), segons Bebbington (1979: 20):

> *"És una feina que pot produir glòria i enormes recompenses o desastres i acomiadament, que deixa a l'ocupant exposat als capricis i fantasies dels directius del club i una víctima pública de les sorts".*

Un dels managers anglesos més llegendaris va ser Bill Shankly, qui va mantenir el seu *hot seat* al Liverpool FC quinze exitosos anys a les dècades dels seixanta i setanta. Més actualment es parla de tota una llegenda de la banqueta del Manchester United, Sir. Alex Ferguson, que es va retirar el 2013 després de vint temporades en el càrrec. Ha estat tal la trajectòria de l'escocès com a manager dels *Red Debils* que al 1999 va ser nomenat *Cavaller de l'Ordre de l'Imperi Britànic* per la Reina Isabel II. Des de llavors és considerat *"Entrenador d'entrenadors"*.

Cal destacar, en contra dels interessos dels managers anglesos, que en els últims anys aquesta tendència va a la baixa ja que cada vegada duren menys temps a les banquetes, "esclaus" del rendiment immediat dels equips que dirigeixen (www.deportes.elpais.com):

> *"Hi va haver un temps en què a Anglaterra no es debatia sobre els entrenadors, era una cosa cultural lliurar-se a un manager i confiar en ell. Fins a la dècada dels cinquanta el Liverpool mai havia acomiadat a un entrenador i va fer fora al primer perquè va baixar de categoria. Entre desembre de 1959 i 1985 va tenir tres entrenadors quan Bill Shankly va inaugurar una saga que, arribat el moment, cedia el testimoni al seu auxiliar. Bob Paisley i Joe Fagan el van succeir. Ara, tot just tres anys ha durat Brendan Rodgers al capdavant del Liverpool (...)".*

> *"A Anglaterra la figura del manager cada vegada deriva més cap a l'eventualitat de l'entrenador comú, els projectes escurcen els seus terminis i les banquetes es mouen com en qualsevol altra cultura més pròxima a la visceralitat".*

A Espanya, les tasques de fitxatges de jugadors estan supeditades a la figura del director esportiu de futbol o secretari tècnic, com escriu Rafa Benítez al seu *blog* (www.rafabenitez.com):

> "A Espanya o Itàlia hi ha la figura del 'Director de Futbol' o el 'Secretari Tècnic' que, en teoria, és el responsable de la contractació del propi entrenador i de confeccionar la plantilla. En la majoria dels casos, no sempre, sol consultar amb l'inquilí de la banqueta, però en molts altres casos el president o propietari, que hi ha de tot, és qui té l'última paraula".

Otto Pere Bumbel, entrenador dels anys seixanta i setanta a múltiples equips d'Espanya, va escriure sobre com es realitzaven els fitxatges en els clubs espanyols de la seva època (1982: 58):

> "En aquests moments, i com gairebé sempre passa, s'obre el dilema administratiu:
>
> a) que la plantilla i la seva reestructuració es faci d'acord amb l'entrenador -si roman en el club- o amb el nou, a més de l'assessorament de la SECRETÀRIA TECNICA (si la té el club);
>
> b) si no és així -circumstància que es dóna en el major nombre de vegades- és la mateixa directiva, amb o sense ajudes tècniques, la que s'obstina a fer la difícil tasca d'acomiadar, transferir i contractar jugadors.
>
> En el cas del preparador, dins d'aquest capritxós món del futbol, hi ha gran nombre d'ells que s'escapoleixen d'estudi, per no assumir les seves responsabilitats en subministrar consells tècnics a les directives: «És preferible que s'equivoquin ells que encerti jo! De tota manera, és menys responsabilitat per a mi, ja que, si demà passa alguna cosa, seran els primers a retreure'm alguna baixa o contractació! A més, la meva experiència em diu que, quan apunto el nom d'un jugador per al club, em contesten que és molt car, i porten a un altre que -diuen- és tan bo com l'indicat per mi i més barat. En el fons, el que volen és justificar-se dient que t'han consultat, però fan el que els hi dóna la real gana, que és el que més els agrada. Total, com els diners són d'ells, allà ells»".

EL SEGON ENTRENADOR DE FUTBOL PROFESSIONAL

Cook defineix al segon entrenador fa gairebé trenta-cinc anys de la següent manera (1982: 46):

> *"L'objectiu principal de l'ajudant d'entrenador és produir el major èxit en el rendiment de l'equip en el menor temps possible, i mantenir-lo durant tota la temporada. L'ajudant pot tenir una forta influència sobre l'equip, i la seva interacció entre ell i els jugadors és important per a l'èxit de l'equip. Normalment l'ajudant és més proper als jugadors i d'una manera més comuna, i aquesta interacció depèn com responguin els jugadors a la seva personalitat i mètodes de treball. L'ajudant no ha de ser un teòric de pissarra, ha de ser un home pràctic qui constantment visqui la realitat i utilitzi pràctiques estimulants que animi als jugadors a aprendre noves habilitats i tàctiques i mantingui l'estabilitat i l'ordre. L'ajudant és un «recol·lector de dades» qui amb la seva experiència i coneixements pot ser útil per als jugadors i en benefici de l'equip".*

En la mateixa dècada dels vuitanta, per Bauer i Ueberle el segon havia de ser (1988: 110):

> *"Per a la pràctica és important que l'ajudant no només sàpiga donar forma als conceptes del primer entrenador; a més ha de ser capaç de treballar autònomament amb grups parcials o jugadors individuals. Tot i donar suport lleialment a l'entrenador pot convertir-se en una persona respectada, amb autoritat específica. L'equip es donarà compte de la qualitat específica i de la competència d'ajudant quan se l'envïi a observar els futurs contrincants, elaborant anàlisis convenients i pronòstics en col·laboració amb l'entrenador. Igualment, pot ser important en la valoració de partits i fer-se considerar per l'equip a l'hora de buscar jugadors de talent".*

Ja en els noranta Gomà redacta una concisa i interessant aproximació més actual (1999: 118):

> *"És la persona de confiança de l'entrenador, el qual li aconsella en multitud de les decisions que ha de prendre. No té una funció específica, clara i delimitada sinó que aquesta anirà en funció del que tots dos tècnics decideixin a principis*

> *de temporada i fins i tot durant la temporada. És una ajuda que té el primer entrenador de cara a treballar de manera dividida, pel que fa a algun aspecte tàctic i, sobre tot, és el seu conseller".*

En la dècada del dos mil, Warren i Danner aconsellen als primers entrenadors a tenir un segon lleial i treballador (2004: 83):

> *"Si tens la sort de comptar amb un o més segons entrenadors, el teu objectiu serà descobrir de quantes maneres pots utilitzar els seus talents, experiència i coneixement del joc (...)".*

> *"Has d'esperar la mateixa lleialtat dels teus segons entrenadors que dels teus jugadors. Mentre que no és necessari (i probablement a més sigui totalment innecessari) que els teus assistents siguin còpies de carbó de la teva persona, és important que donin suport el teu Pla Mestre per desenvolupar l'Equip. Potser no comparteixen la teva filosofia de com s'hauria de jugar o com s'hauria de portar l'Equip, sense això han de donar un suport total als teus esforços per conduir a l'Equip en una direcció desitjada. Un assistent deslleial o mandrós no té més valor per a tu que un jugador deslleial o mandrós".*

Argumenten que el segon pot ajudar al primer confeccionant la plantilla, preparant el jugador físicament, observant rivals, paperassa d'administració, publicitat i recaptació de fons, dirigint seminaris per a entrenadors locals, preparant programes d'entrenament, supervisant el rendiment en els entrenaments i partits, analitzant situacions de partit, elaborant estratègies i treballant amb els jugadors a escala individual o de grup. Però adverteixen que sempre el primer entrenador ha de tenir en compte (Warren i Danner, 2004: 83):

> *"No obstant això, hauries de recordar una cosa: els assistents hi són per completar el teu propi intens treball, no per substituir-lo. L'exemple que estableixis per als teus segons entrenadors i jugadors de determinar el grau de serietat amb què emprendran les seves pròpies responsabilitats, de manera que els teus assistents han d'esperar de tu el següent: un ètica del treball positiva; lleialtat i respecte; un lideratge eficaç; suport incondicional al realitzar les responsabilitats de la seva tasca; reconeixement de la*

qualitat del seu treball d'art de l'Equip i teva pròpia; disposició per compartir el teu coneixement del joc i recursos futbolístics personals com a entrenador amb ells, per tal de cobrir els buits que puguin existir en la seva preparació o experiència, i oportunitats per a exercir el seu propi lideratge de l'equip en els partits i en les sessions d'entrenament".

Comparant les seves responsabilitats dins del cos tècnic, el primer és el màxim responsable del rendiment de l'equip mentre que el segon és un ajudant molt proper a ell que exerceix les funcions que el primer li instrueix. En realitat la gran diferència rau aquí, en les responsabilitats que té cada un. Per a Mombaerts (2000) el primer entrenador és el responsable dels resultats i, com afirma Gomà (1999: 118):

"És la persona a qui recau tota la responsabilitat de l'equip pel que fa a resultats es refereix, tenint en compte que posseeix el grau més alt de facultats de decisió".

Més recentment, l'any 2015 vaig tenir la sort d'assistir al *II Curs de Formació Contínua de la Llicència UEFA* a la Ciutat del Futbol de Las Rozas (Madrid) per renovar la llicència UEFA PRO. En aquest curs es va donar un fet destacable que ressalta la figura del segon i li dóna la importància que es mereix: es va incloure com a part lectiva una taula rodona formada pels segons entrenadors: Juan Carlos Unzué, segon del FC Barcelona; Germán Burgos, segon de l'Atlético de Madrid; Toni Jiménez, preparador de porters i ajudant al Tottenham; i Roberto Ríos, segon del Real Betis en aquell moment. Aquests van compartir les seves experiències amb tots els tècnics que vam assistir al curs i van respondre a les pertinents preguntes (www.rfef.es):

Toni Jiménez: *"El jugador a qui fa cas és a l'entrenador el qual necessita del nostre suport perquè no pot abastar-ho tot. Som necessaris per donar suport a l'entrenador en els moments de més pressió. Donem assistència i suport. Hem de donar suport al lideratge del tècnic".*

Juan Carlos Unzué: *"He decidit ser segon entrenador com un repte positiu al costat d'algú que respectes i amb qui vols treballar. Hi ha una gran diferència entre ser primer i segon entrenador sobretot pel que fa a la pressió. Un bon líder integra. Sempre m'he sentit escoltat com a entrenador de porters. Hem d'estar tan atents dels jugadors com de l'entrenador. Cal donar-li suport fins i tot encara que no* *estiguis d'acord amb les seves decisions. Una de les últimes jerarquies que hi ha és la de l'entrenador".*

Germán Burgos: *"La meva funció com a segon entrenador és transmetre equilibri emocional i ajudar a prendre la decisió correcta. És molt important que hi hagi una amistat entre el primer i el segon entrenador. Cal parlar als jugadors i en aquest paper som importants per evitar que es generin brutícies en la relació que després no es poden reconduir. Sempre cal dir la veritat a l'entrenador que és qui finalment pren les decisions. La meva funció és analitzar el rival i emeto informes per al meu entrenador. Honorabilitat i lleialtat són clau en el nostre treball".*

Roberto Ríos: *"Som els que més units estem amb la plantilla, els coneixem personalment. Ajudem a l'entrenador i també als jugadors".*

Després de les entrevistes realitzades als vuit segons entrenadors espanyols, es descriu a continuació les respostes sobre la seva feina.

Segons Jesús Pérez, segon de Mauricio Pochettino, a qui vaig entrevistar via telefònica, cada entrenador crea la figura del seu segon i apunta que la importància està en el rendiment intern sobretot, a més de valorar molt positivament la seva experiència en el futbol anglès pel gran respecte que hi ha cap els entrenadors:

"És un paper molt personal, cada primer crea la figura del seu segon. Els rols es defineixen en base a les capacitats i sobretot la confiança. Mauricio Pochettino el defineix com la persona que l'ajuda metodològicament i que l'ajuda en moltes àrees de treball. Jo em sento com una extensió d'ell, no perquè jo ho sigui, sinó perquè ell em fa sentir així, que és diferent. Ell em fa participi i m'inclou com a mostra de confiança. La importància de l'assistent no resideix en la imatge publica sinó en el rendiment intern".

"Els clubs britànics tenen una organització molt gran i amb molts recursos al teu abast. El paper del mànager i el seu assistent estan molt respectats pel que la teva capacitat de decisió és molt elevada en tot el relacionat amb l'equip".

Per Diego Ribera, segon de Sergio Rodríguez, amb qui vaig coincidir al FC Barcelona quan era l'observador de la zona de València i amb qui mantinc una relació cordial, assenyala que gaudir d'una amistat i confiança entre primer i segon ajuda en el rendiment del dia a dia. A més, té clar que un segon ha d'intentar ajudar al primer per que prengui les decisions el més correctes possibles:

> "El fonamental són els jugadors i l'entrenador. Els altres, com el segon, intentem ajudar perquè tot funcioni bé i que el primer entrenador tingui les solucions per poder decidir com vulgui. Així mateix, crec que ha de sentir que jo sóc important per a ell. A més d'haver compartit molts moments i inquietuds de futbol, som amics des de fa gairebé vint anys, entre nosaltres no hi ha secrets, i aquesta relació que tenim ajuda en benefici de l'equip".

Toni Grande porta molts anys essent el segon de Vicente del Bosque, vaig poder posar-m'hi en contacte gràcies al llavors analista de la Selecció Antolín Gonzalo després d'assistir a una formació interna del FC Barcelona a *La Masia*. Grande afirma que la figura de segon és totalment necessària per al primer, i que ha de ser-li sempre fidel i sincer. A més, opina que és molt important conèixer bé els jugadors i tractar-los amb respecte:

> "Jutjo la meva tasca dins d'un staff tècnic com a necessària, sento que l'entrenador em necessita. Amb Vicente mantinc el millor tipus de relació possible, sempre li sóc sincer, encara que no sigui del seu grat el que li hagi de dir. Veig necessari dedicar-li el temps que calgui a conèixer els meus jugadors, conèixer com són, les seves preocupacions i el que senten, per a mi és molt important. A més, aquesta relació ha de ser de respecte mutu, ha d'haver-hi una comunicació normal, respecte cap a ells i que a la vegada em respectin".

Juan Carlos Unzué, segon de Luis Enrique, a qui vaig tenir el plaer de poder entrevistar en els despatxos del primer equip a la Ciutat Esportiva Joan Gamper, descriu el seu paper compartit de segon entrenador, proposat per Luis Enrique des del primer dia que va arribar:

> "En aquest sentit crec que Luis és una mica especial respecte altres entrenadors. Ell des del primer moment em va fer saber que el meu rol com a segon entrenador havia de ser compartit. Ja venia treballant amb Robert Moreno des del

> *Barça "B" i Roma, i volia en certa manera tenir dos entrenadors. El paper de Robert seria una mica més des del punt de vista d'analitzar la informació del rival i pròpia des de la grada i d'actuar en el propi entrenament com jo. En el meu cas ell volia que jo estigués sempre al seu costat però, en certa manera, amb un status compartit. Pot semblar d'entrada diferent, i ho era, però conforme van passar els dies em vaig adonar que tenia totes les raons i tots els arguments per compartir el paper".*

Unzué té una fixació permanent en el seu cap: es pregunta dia a dia com pot ajudar al míster en tot moment. El seu objectiu és també que els jugadors que entrena donin el seu màxim nivell, per això reitera que ha d'estar sempre obert a escoltar i observar els detalls:

> *"Sobretot per a mi l'aspecte personal, les emocions, els estats d'ànim són vitals. Fins i tot diria jo que són prioritaris. Amb una mala idea, amb un equip mitjà, però amb una unió important, amb gent fantàstica, aconseguiràs el màxim d'aquests jugadors. Aquest ha de ser una mica l'objectiu d'un entrenador. Almenys el meu és intentar aconseguir el màxim nivell d'aquests jugadors que tu tens, de quina manera els puc treure jo el màxim nivell. A vegades necessites aquesta capacitat d'observació, d'anàlisi i de saber escoltar a les altres persones i deixar que expressin la seva opinió. Intento concentrar-me en escoltar, veure i observar per seguir amb una capacitat de millorar. Sentir que cada dia pots donar un petit detall més".*

Jon Aspiazu, segon d'Ernesto Valverde, va contestar mitjançant un extens e-mail a l'entrevista que li vaig enviar gràcies a la mediació d'Alberto Iglesias, integrant del staff de Valverde que vaig conèixer a la formació *Study Group Scheme* de la UEFA a Alemanya l'any 2010. Aspiazu porta diverses temporades lligades a Valverde en diferents equips de la primera divisió espanyola, i això fa que mantinguin una relació de confiança que ajuda en el treball diari. Declara que la seva tasca com a segon ha de ser corporativa conjuntament amb tot el staff tècnic, i que assumeix les decisions preses per l'entrenador com si fossin la seva pròpia, encara que tingui una idea diferent:

> *"Penso que la meva tasca dins el staff ha de ser corporativa. L'entrenador és l'eix central del projecte i tot el seu cos tècnic s'orienta a facilitar la seva tasca. Nosaltres estem allà per*

facilitar la seva tasca i que se centri, sobretot, en els aspectes més importants de l'equip. Mantenim una relació de confiança que ve de lluny i no necessitem massa detalls per conèixer el que necessitem l'un de l'altre. Sempre li dono el meu punt de vista, però també ens donem el nostre espai. Després de tant de temps junts, intueixo quan no necessita conèixer el meu punt de vista sobre determinats aspectes perquè ja ha pres una decisió ferma al respecte. I jo, em guardo la meva opinió per no incomodar i assumeixo la seva decisió com si fos pròpia".

Domenec Torrent, segon de Pep Guardiola, va respondre mitjançant e-mail l'entrevista gràcies a la col·laboració de Carles Planchart, integrant del staff de Guardiola, amb qui vaig coincidir en el Curs Nacional d'Entrenador de Futbol a Melilla l'any 2006 i després al FC Barcelona. Torrent afirma que cada segon viu la seva feina de manera diferent, segons la manera de ser i d'actuar de cadascú. Sent que la seva posició és important per a l'entrenador, però per a ell la major preocupació d'un segon és entendre bé el paper que té, a més de saber ajudar al primer:

"Cada segon entrenador viu la seva feina de manera diferent. Per la meva manera de ser, crec que estar tranquil i preparat per quan l'entrenador et necessiti, sense voler protagonisme, per a mi és la millor manera de poder ajudar-lo. Sento que puc ajudar al Pep, em sento important per a ell, poder ajudar-lo i entendre el rol que tinc és la meva preocupació més com a segon entrenador. També conèixer bé els jugadors és imprescindible, ajuda en el seu rendiment personal i global de la plantilla".

Alberto Giráldez, segon de Quique Sánchez Flores, amb qui mantinc una relació cordial des que era el coordinador del futbol base del Real Madrid, valora la seva tasca com a complementària i que aporta equilibri. Es preocupa molt per complir amb les funcions que es descriuen en els següents capítols i argumenta que la comunicació que ha de mantenir amb els jugadors com a segon ha de ser més individual per a conèixer-los bé:

"La meva tasca dins el staff tècnic és complementària, d'equilibri i que aporta experiència. Sento que Quique em necessita, pel que em preocupo sobretot de complir amb les meves funcions. Considero que un segon entrenador ha de mantenir una relació més individual amb el jugador, la base

> *de la comunicació amb ells és saber amb qui et comuniques, saber el que necessiten sentir i que són capaços d'incorporar".*

Víctor Sánchez, segon de Paulo Sousa, excompany diverses temporades en el Futbol Formatiu del FC Barcelona va respondre a totes les preguntes de l'entrevista via telefònica. Declara que ajuda al seu míster, però pensa que qualsevol persona del staff pot ser prescindible:

> *"Com staff tenim una cosa molt bona, i és que tots participem en gairebé tot. El míster en aquest cas és una persona que li agrada molt escoltar qualsevol opinió de qualsevol membre del staff. Jo sóc una peça més d'un staff molt global, on sobretot les quatre persones que portem junts aquests quatre anys, tots tenim una importància molt elevada.*
>
> *Evidentment el líder del projecte és el míster, i el que acaba de decidir i ha de tenir més valentia o menys a l'hora de prendre les decisions és ell. Però em sento molt valorat perquè se'ns escolta en tot allò que aportem. Destaco per sobre de tot la globalitat que hi ha al staff, amb molta presència de tots, sense jerarquies marcades pel míster. Ningú se sent cohibit, cosa que ha estat imprescindible per sentir-me còmode des del principi".*

Víctor destaca l'important paper de la seva família, afirma que sense ells no seria capaç de resistir aquest treball:

> *"Les famílies tenen un mèrit espectacular. Igual que ens sentim molt còmodes amb el cos tècnic en el temps que passo amb ells, si no fos per la família, seria impossible portar una feina com la que porto".*

RELACIÓ AMB EL PRIMER ENTRENADOR

"No cal apagar la llum de l'altre per aconseguir que brilli la nostra".

MAHATMA GANDHI

Val la pena assenyalar que, per a un entrenador, l'elecció del seu segon ha de ser una de les decisions més importants a prendre. Segons el seu status esportiu i les circumstàncies del club, podrà tenir la llibertat d'elecció o, en cas contrari, li serà imposat. De tota manera, la figura del segon resulta fonamental per al dia a dia del primer i, per tant, per al rendiment de l'equip. Sóc dels que pensa que una relació personal no fluïda o amb falta de confiança entre primer i segon dificulta molt l'èxit del seu treball, fins i tot a curt termini. Per aquest motiu els entrenadors prefereixen escollir a un "company de fatigues" de la seva confiança, que entengui la seva filosofia i estil de joc, que li aporti estabilitat emocional, bons i sincers consells, que estigui de la seva banda en les decisions que no comparteixin, i que sobretot li sigui fidel en els mals moments de la temporada. La qualitat i la fidelitat seran les actituds finals que busca l'entrenador, per aquest motiu normalment prefereix escollir ell mateix la persona per al càrrec de segon.

Bauer i Ueberle van escriure fa anys sobre el tema apreciant en les seves paraules la desconfiança cap al segon que existia en aquell moment (1988: 109-110):

> *"Molts clubs contracten un entrenador ajudant per tenir substitut en cas de cessament del primer entrenador abans de temps. Els entrenadors, d'altra banda, prefereixen més aviat un ajudant que pugui substituir-lo en una emergència (per exemple, malaltia), i que sigui prou lleial, però que no constitueixi una competència seriosa o un alternativa per la seva qualificació. El segon entrenador tindrà sempre una posició ambigua, la qual pot ocupar de molt diferent manera segons el seu caràcter i personalitat".*

Per la seva banda, Vicente del Bosque, ex recent Seleccionador de la Selecció Espanyola de futbol, opina sobre això (Suárez, 2011: 23):

> *"«El tècnic ha de ser un líder moral. No té per què saber de tot, però sí saber dirigir als que saben. Ha d'envoltar-se dels*

> *millors, no dels més fidels, encara que no li diguin sempre el que vol sentir. No és bo preocupar-se de coses menors, perquè resten energies per al que és important», va començar. Del Bosque va posar l'exemple del seu ajudant Toni Grande, que sap tot el que passa al vestidor i coneix les interioritats dels jugadors, el que li permet prendre un distanciament més gran amb els professionals".*

En aquesta mateixa línia de pensament està José Mourinho quan planteja perquè tria a Rui Faria perquè l'acompanyi a dirigir el Chelsea FC la temporada 2004/05 (Oliveira, et al., 2007: 43):

> *"Quan vaig parlar amb el Chelsea els vaig dir que tenia moltes persones de la meva confiança, però que també acceptaria persones del club. Això si, i a causa de la meva metodologia, Rui Faria era obligatori. (Al periòdic Rècord de 6 de juliol de 2004).*
>
> *Rui és el meu complement. En veritat que no li dic preparador físic, perquè és molt més que això i a més aquest concepte no existeix en el nostre model de treball, ja que executa i coordina una gran part de la nostra metodologia d'entrenament. I al reafirmar que és imprescindible és perquè ho és [...]. Per a mi, no és el millor, però sí el millor que conec. Per aquest motiu el Chelsea li paga tan bé, per què Rui Faria és top! Els que treballen amb nosaltres saben a què em refereixo. (Al periòdic A Bola de 12 de Febrer de 2005)".*

A més descriuen com *Mou* i Rui Faria comencen a treballar junts (2007: 43):

> *"És important destacar que quan Mourinho convida a Rui Faria a treballar amb ell, no ho fa per ser el seu amic personal, pel seu passat futbolístic o per la seva experiència professional. Rui Faria tenia, en aquell moment, vint-i-cinc anys i es va presentar davant Mourinho a fer la seva tesi de llicenciatura, la qual versa sobre aquesta metodologia i que és el resultat d'haver acompanyat Mourinho a Barcelona. El que els va unir va ser una metodologia d'entrenament".*

No sempre l'entrenador escull per ell mateix al seu acompanyant, en altres ocasions el segon sol ser una tercera persona recomanada per algú del cercle més proper al tècnic, fet que sol passar quan no es troba el perfil que es busca d'entre els seus éssers propers o que simplement busca més qualitat que fidelitat i amistat. Intueixo que el perfil d'aquest segon entrenador serà algú amb coneixements contrastats i amb un currículum més que acceptable. Destaca un cas actual i mediàtic quan el Real Madrid de Florentino Pérez es fa amb els serveis de José Mourinho la temporada 2010/11: aquest pregunta per un ex jugador i coneixedor de l'entitat per ser el seu ajudant com a persona de confiança del club, i Jorge Valdano, que en aquell moment ocupava el càrrec de Director General de Presidència, recomana a Aítor Karanka. En aquell temps Karanka exercia com a tècnic en les categories inferiors sub-16 de la Selecció Espanyola, i recorda aquests dies en una entrevista realitzada a la cadena de televisió *La Sexta* (www.ecodiario.eleconomista.es):

> *"Em va sorprendre una trucada de Mourinho abans de començar a treballar amb ell sense conèixer-lo de res. Em deia que m'ajudaria i acolliria com una família. Tot el que va passar aquests tres anys posteriors m'ho havia anticipat el primer dia, en la primera conversa".*

Karanka va destacar sobretot per la seva participació en noranta rodes de premsa substituint a *Mou*, fet inaudit fins ara. Aquesta unió dura les tres temporades que el portuguès està al càrrec del Real Madrid fins que l'estiu del 2013 torna al Chelsea FC, quan els separen camins professionals i Karanka signa el mateix any com a mànager del Middlesbrough FC.

També es pot donar el cas que l'entrenador triï d'entre diverses persones mitjançant una entrevista o una simple primera trobada. Per exemple aquells integrants del staff que mantenen contracte vigent en el club en finalitzar la temporada i que amb l'arribada d'un nou entrenador han d'esperar el seu destí. Un conegut cas d'aquesta naturalesa és el de José Mourinho amb el fitxatge de Louis van Gaal com míster del FC Barcelona la temporada 1997/98: l'holandès substitueix a Sir. Bobby Robson i es queda amb *Mou* com a informador dels rivals. D'entre els integrants de l'anterior staff, ell "sobreviu" per mostrar-se totalment sincer i contundent amb Louis van Gaal, tret que sedueix l'entrenador holandès. Anys més tard Mourinho recorda aquests dies en una entrevista a UEFA (www.marca.com):

> *"És una persona molt segura de si mateixa i en aquell moment jo era molt jove, això va ser molt important. Gràcies a ell vaig poder dirigir partits amistosos, partits de la Copa*

Catalunya, ell em donava la responsabilitat d'entrenar. Això va ser molt important en el meu desenvolupament".

Per descomptat que molts segons són imposats pel club, bé sigui perquè és home de confiança del president, perquè porta molts anys al club o perquè té contracte vigent. Zinedine Zidane es va asseure per primera vegada a la banqueta del primer equip del Real Madrid la temporada 2013/14 com a segon de Carlo Ancelotti, a més de continuar amb el càrrec d'assessor de Florentino Pérez a la presidència. Ancelotti diu en la seva primera roda de premsa al càrrec de l'equip el 26 de juny 2013:

"Zidane ha estat un jugador fantàstic. Tothom el coneix. Ara ell ha decidit tenir un paper com a entrenador. Serà un assistent molt bo, a banda de l'assistent que tinc, a banda de Paul Clement. Estarà a la banqueta. El problema és que no pot jugar. Aquest és el problema".

Aquesta mateixa temporada el Real Madrid es proclama campió de *la Desena* (Champions League 2013/14) i ja en la següent campanya el francès es fa càrrec del Castilla iniciant així la seva carrera com a primer entrenador. El 4 de gener de 2016 el Real Madrid destitueix Rafa Benítez i nomena Zidane com el nou entrenador del primer equip, guanyant de nou la Lliga de Campions 2015/16, el seu primer gran títol com a tècnic principal.

També és comú que després d'un període de temps treballant junts, el segon decideixi treballar pel seu compte com entrenador, desfent-se d'aquesta manera de qui va ser el seu primer. Un cas molt proper i conegut va ser el del difunt Tito Vilanova, company de Pep Guardiola anys enrere com a jugador a *La Masia* i coneixedor de la 3era Divisió Catalana. Aquest fitxa de segon de Pep al Barça "B" de 3era divisió la temporada 2007/08, la unió Guardiola-Vilanova dura cinc brillants temporades (2007/08 a 2011/12). Els èxits són ben coneguts per tots en el món del futbol: la seva primera temporada junts ascendeixen de Tercera Divisió a 2ona Divisió "B" (2007/08), després com a tècnics del primer equip aconsegueixen catorze títols en quatre temporades: tres Lligues (2009, 2010 i 2011), dues Lligues de Campions (2009 i 2011), dues Copes del Rei (2009 i 2012), dos Mundials de Clubs (2009 i 2011), tres Supercopes d'Espanya (2009, 2010 i 2011) i dos Supercopes d'Europa (2009 i 2011).

Guardiola anuncia públicament que deixa el càrrec el 27 d'abril de 2012 al Camp Nou acompanyat del llavors president del FC Barcelona, Sandro Rossell i del Director Esportiu, Andoni Zubizarreta, i en la mateixa roda de premsa tots dos confirmen que Tito Vilanova serà el nou míster per a la temporada 2013/14. Recordo aquell moment com si fos ahir, al costat d'alguns membres de la secretaria tècnica, tots expectants davant el televisor de les oficines del futbol a la Ciutat Esportiva Joan Gamper del FC Barcelona. En paraules de Zubizarreta: *"Necessitem un entrenador que conegui la casa i que tingui una implicació com Tito. Treballarem amb el seu perfil, diferent del de Guardiola".*

Cal destacar una dada, i és que durant la temporada 2015/16 de la Lliga BBVA espanyola es va rescindir el contracte d'onze entrenadors i tots els seus segons van deixar conjuntament els càrrecs. Puc intuir que es donen bàsicament dues causes: es mostren fidels als seus primers i marxen amb ells, o que el club també anuncïi el seu acomiadament. Aparentment la segona causa ve íntimament lligada amb la primera ja que sol ser el primer entrenador qui porta al seu segon, encara que no sempre sigui així. Aquesta dada és una mostra inequívoca de la fidelitat d'aquests cap els seus primers. De fet, i de forma anecdòtica, o no, només tres dels trenta-un segons entrenadors són de diferent nacionalitat que el seu primer: Fabio Peccia (italià, segon de Rafa Benítez), Phil Neville (anglès, segon de Salvador "Voro") i Ángel Angulo, que només va romandre un partit (espanyol, segon de Gary Neville). El 90% dels segons són de la mateixa nacionalitat que el primer.

Sobre la relació que tenen els segons entrenadors que s'han entrevistat per a aquest llibre amb els seus primers, tots mantenen una bona o molt bona relació, i en alguns casos arriben a ser amics íntims. Pel que fa a la sinceritat en la comunicació, tots coincideixen que és fonamental tot i que li donen molta importància al bon maneig dels moments i les formes. Tots són de l'opinió que la sinceritat ha de ser total però amb certs matisos com a condició per poder ajudar al míster. He detectat sobre aquest tema diversos punts en comú en tots ells: confiança, lleialtat i rellevància en el quan i el com ser sincer.

Unzué argumenta que la confiança entre les dues persones és clau per al desenvolupament laboral eficient, sentir la confiança del seu míster és per ell fonamental en el seu paper de segon:

> *"En el meu cas ha estat una sort conèixer-nos abans de treballar junts. En certa manera això és el que ha donat la possibilitat que siguem companys de treball. La meva experiència a Vigo va ser vital per a aquests inicis. Quan un té confiança, és el més important que hi pot haver entre dues persones, si la confiança és mútua és perquè saps que és*

fidel, que anirà amb tu. Per a mi sentir aquesta confiança en els altres de Luis és clau".

Fins i tot discurseja sobre la seva primera experiència com a segon en el FC Barcelona de Frank Rijkaard, a qui després, passats diversos anys segueix destacant per oferir la seva plena confiança des del primer moment sense tan sols conèixer-lo:

"He tingut grans mestres en aquest sentit, fins i tot sense les circumstàncies actuals de coneixement personal anterior, Frank Rijkaard va ser capaç de transmetre'm aquesta confiança i seguretat en mi mateix des del primer moment quan ni el coneixia. Això depèn molt del líder, i en aquest sentit jo he tingut molta sort, perquè jo sé per altres persones que no els han donat aquesta possibilitat. He tingut molta sort de tenir gent molt capaç i de confiança, de sentir-la des del primer dia.

La reflexió que jo em feia és: Com puc fallar jo a aquest tio? En el fons el que ell ha aconseguit és que jo tingui la sensació que he de donar el meu màxim nivell, perquè no li puc fallar. En futbol de fa uns quants anys enrere, semblava que el segon entrenador el posava el club per tenir una mica d'informació del que feia. Ara em dono compte que ell era molt conscient que hi havia coses que se li escapaven, com no pot ser d'altra manera quan vas a un lloc nou. Envoltar-se de gent que coneixia aquest club facilitava la seva feina. Tenint gent al seu voltant del club, podia saber tot el que passava, en comptes de sis mesos, en dos.

Al final va ser un benefici propi. Va ser per a mi una forma de liderar del màxim nivell, més intel·ligent. Si la sents i creus en ella, no tinc cap dubte que és la que et donarà més possibilitats, de treure el màxim profit de tots els que tens al voltant. Ni més ni menys, és el que va fer Mourinho en entrar el Real Madrid i demanar un home de confiança de la casa (Karanka)".

Tanmateix, és dels que pensa que la pròpia opinió cal traslladar-la a l'entrenador, però cal saber quan i com. Saber dominar els moments és fonamental per a ell, punt amb el qual no puc estar més d'acord. La sinceritat és vital, però això no vol dir que calgui donar sempre sigui com sigui la teva pròpia opinió, segons els moments i les formes pot ser que no ajudin al tècnic:

> "Crec que la teva opinió l'has de traslladar al míster. Però si que és cert que els moments són importants. No és només important que dius sinó per què, quan ho dius, com ho dius. Cal intentar ser conscient de tot això. Possiblement un argument fantàstic en un moment inadequat no serveix per a res. Intentar dominar el quan i el com, moltes vegades les formes fan que el missatge no arribi. Per a mi tenir cura d'aquests detalls és vital. De vegades no tenim massa en compte el com i el quan, i per a mi té molta, molta importància. Si que és cert que algunes opinions te les guardes per a tu, però cal veure també quin tipus d'entrenador és, si se sent més còmode en un ambient de calma, o hi ha entrenadors que se senten còmodes en situacions d'estrès. Al final les experiències t'ajuden a tenir la possibilitat d'equivocar-te menys".

Diego Ribera destaca la seva amistat amb Sergio González, sense deixar de ser exigents l'un amb l'altre en el treball:

> "En primer lloc som amics des de fa gairebé vint anys, hem compartit moltes coses i moltes inquietuds futbolístiques. Tot això fa que entre nosaltres no hi hagi secrets tant per bé com per malament. Puc dir-li qualsevol cosa i, encara que no hi estigui d'acord, sap que és per ajudar, i al contrari també, quan ell em diu alguna cosa que jo no hi estic d'acord sé que ho diu per ajudar igualment. Al final aquesta relació que tenim ajuda sempre a que el benefici sigui del grup. Això no implica que no siguem exigents amb un mateix i amb l'altre, un cop arribem al treball, l'amistat es queda en un segon pla".

No obstant, tot i la seva propera relació amb ell, no sempre li pot ser sincer perquè no hi ha temps per posar-se a discutir una decisió:

> "Sempre no es pot ser sincer, intento ser-ho sempre, però moltes vegades quan veus que un entrenador té una decisió molt ben presa, i encara que tu no ho vegis, no val la pena a generar-li dubtes, perquè queden potser dos hores per al partit. Al final, de vegades que has de deixar passar o intentar veure de la manera com ho veu ell i unir-te al que ell

> ha decidit. Intento en un noranta per cent de ser sincer però
> de vegades és impossible perquè penses que ser sincer és
> perjudicial per al grup".

Diego sempre intenta donar-li el seu propi punt de vista, la seva amistat amb ell l'ajuda a poder donar la seva opinió lliurement de tot i saber que la idea de Sergio pugui ser diferent. I és que tots dos tenen la sort de gaudir d'una relació molt propera d'amistat, fet que ajuda sense dubte a que s'entenguin fàcilment:

> "Intento donar-li el meu punt de vista, si m'ho demana
> sempre li dono independentment de quina sigui la seva, i la
> nostra amistat fa que ell sàpiga que jo no vull res de dolent
> per a l'equip, és més, només li puc estar agraït perquè va
> confiar en mi quan es va fer càrrec del primer equip de
> l'Espanyol".

Jon Aspiazu afirma tenir una relació propera i sincera amb Valverde ja que han estat molts anys junts. No és sempre sincer en segons que moments, però més tard o més d'hora dóna a conèixer la seva informació a l'entrenador:

> "No sempre sóc sincer amb ell, de vegades que has de
> gestionar algunes informacions que no poden influir en la
> presa de decisions de l'entrenador, encara que posteriorment
> les poso en el seu coneixement".

També, li dóna sempre el seu punt de vista personal encara que gràcies als anys treballant junts sap quan ha de guardar la seva opinió i assumir la seva decisió com a pròpia:

> "Però també ens donem el nostre espai. Després de tant
> temps junts intueixo que no necessita conèixer el meu punt
> de vista sobre determinats aspectes perquè ja ha pres una
> decisió ferma al respecte. I jo, em guardo la meva opinió per
> a no incomodar i assumeixo la seva decisió com si fos
> pròpia".

En la mateixa línia, Alberto Giráldez manté una relació fluïda i natural amb Quique Sánchez Flores: *"Ens coneixem des de fa vint anys"*. Amb Alberto ha de ser fàcil treballar, coneixent-lo personalment, és un gran professional bregat en mil batalles, ha d'haver trobat en ell el que buscava. Tal i com Ribera i Aspiazu, no sempre pot ser del tot sincer amb ell: *"De vegades considero necessari variar la informació"*. Apunta que no sempre, però no obstant això gairebé sempre, li dóna el seu punt de vista, fins i tot quan intueix que no li agradarà el que li dirà.

Toni Grande, per la seva banda, afirma tenir la millor relació possible amb Vicente del Bosque, essent-li sempre sincer i donant-li el seu punt de vista personal fins i tot en aquells moments que pot veure que no estarà d'acord amb la decisió de Del Bosque. Tan sols cal veure'ls per la televisió a les banquetes, sempre enganxats l'un a l'altre, com si tots dos formessin una sola persona. Quan s'arriba a aquest punt de compenetració, l'equilibri entre tots dos ha de ser total.

Igual que Grande, Domenec Torrent manté una relació molt bona i molt propera amb Pep Guardiola, essent-li sempre cent per cent sincer en tot moment: *"Sempre li sóc sincer, crec que és l'única manera en què pots ajudar"*.

Víctor Sánchez té una relació molt bona amb Paulo Sousa des del principi. No es coneixien abans d'haver treballat junts, però la seva manera de ser va quallar ràpidament i va ajudar molt en la integració de Víctor al staff:

> *"Vaig arribar al Maccabi Tel Aviv que no coneixia absolutament de res a Paulo Sousa més enllà de saber qui era com jugador. Perquè sabia que havia estat un jugador molt important, però no havia tingut cap tipus de comunicació amb ell. La primera comunicació la tinc quan arribo a Àustria al stage de pretemporada del Maccabi. I des de llavors hi ha hagut un feeling des del primer moment, perquè el míster és una persona molt directa per parlar, va per feina.*
>
> *Això m'ha ajudat molt a mi, i crec que d'alguna manera la meva persona s'ha reajustat una mica a allò que ell buscava per incorporar al staff. Tenim una relació molt bona, professional, perquè el veig més que a les nostres famílies. Sempre que podem, fem coses conjuntes amb el staff que es van una mica més enllà del que és purament professional. Així que tenim una relació molt bona".*

Coneixent a Víctor, persona molt sincera i directa en el tracte personal, tal com ell mateix comenta, l'ha ajudat molt que el seu entrenador sigui en aquest aspecte com ell, acostant postures d'una forma fàcil i lleugera. També creu necessari donar-li la seva opinió encara que vegi que no va en el mateix camí del que el míster pensa, però ha de trobar el moment adequat per tal d'ajudar:

> *"Sóc tan sincer amb ell com amb qualsevol altra persona. Totes les coses que crec que poden afectar la nostra vida professional negativament o positivament, les hi comunico. Si hi ha coses que cal evitar perquè no és el moment de dir-ho, m'espero i intento comunicar-les en el moment oportú, de la mateixa manera que ho faig amb qualsevol altra persona.*
>
> *Sempre li dono la meva opinió encara que cregui que no li pugui agradar, una altra cosa és el moment exacte de dir-ho. Et puc donar un exemple: si jo tenia una cosa pensada sobre un jugador, que era negativa, i ell justament veu alguna cosa que no li ha agradat, intento no posar més llenya al foc, perquè no sigui negatiu. Li diré sempre allò que cregui que ens pot ajudar, encara que sigui una idea contrària a la que ell tingui, però igual que amb totes les persones, intentaré trobar el moment adequat per dir-li".*

Jesús Pérez té una relació personal amb molt de contacte fora i dins el club amb Mauricio Pochettino, ja que afirma passar pràcticament més temps amb ell que amb la seva família. I és que Jesús, a qui vaig tenir com a Coordinador del futbol base del Gimnàstic de Tarragona quan jo era juvenil, és una persona que es desviu pel seu treball, d'aquells que sembla que no aconsegueix desconnectar mai, sempre amb el futbol al cap.

Seguint amb la dinàmica de les anteriors declaracions, Jesús sempre li és sincer, i té molt clar com i quan comunicar amb sinceritat la seva opinió al míster:

> *"Tinc una màxima com a ajudant: aquest ha de tenir l'habilitat de saber què necessita l'entrenador, de vegades necessita un punt de vista completament diferent, perquè en el moment que estàs discutint dóna espai a opinar-li això o allò, però després hi ha moltes vegades que has de saber la manera de fer-li veure sense oposar-te completament, quan saps que està prenent una decisió i tu penses en aquest moment que podria ser una altra, el que toca és donar-li suport, perquè no hi ha temps per debatre-ho. Moltes vegades la teva tasca com a segon no es tracta d'això, la teva tasca com a segon és intentar que el teu entrenador sigui millor. Mauricio pregunta molt, per tot. Què et creus que no té la decisió presa? És clar que la té, però és per buscar aquest un per cent. La tasca del segon és intuir què està necessitant el teu primer entrenador en cada moment".*

EXFUTBOLISTES I NO EXFUTBOLISTES

"Em trauria vint anys i encantat de jugar aquest partit".

ABELARDO FERNÁNDEZ

En analitzar la procedència professional dels entrenadors i dels seus segons a la Lliga BBVA espanyola 2015/16, s'aprecia que dels trenta-un **primers entrenadors** que hi varen treballar (és una competició de vint equips i es van destituir 11 tècnics al llarg de la temporada), vint d'ells són ex futbolistes professionals (84%), i tan sols cinc (16%) no ho són: Franc Escribà (Getafe CF), José Sandoval (Granada FC), Lucas Alcaraz (Llevant UD), Rafa Benítez (Real Madrid) i Pako Ayestarán (Valencia CF).

Entrenadors exfutbolistes	Entrenadors no exfutbolistes
Ernesto Valverde	Franc Escribà
Diego Simeone	José Sandoval
Luis Enrique	Lucas Alcaraz
Pepe Mel	Rafa Benítez
Juan Merino	Pako Ayestarán
Eduardo Berizzo	
Víctor Sánchez	
José Mendilibar	
Sergio González	
Constantin Galca	
Eduardo Esnáider	
José Manuel González	
Paco Herrera	
Quique Setién	
Joan Ferrer "Rubi"	
Javi Gracia	
Paco Jémez	
Zinedine Zidane	
David Moyes	
Eusebio Sacristán	
Unai Emery	
Abelardo Fernández	
Nuno Espiritu Santo	
Salva González "Voro"	
Gary Neville	
Marcelino García	

Figura 4. Entrenadors exjugadors i no exjugadors de la Lliga BBVA 2015/16.

Com a dada a destacar, el 100% d'entrenadors no exjugadors que van començar la temporada van ser destituïts dels seus càrrecs al transcurs de la mateixa. Pako Ayestarán, que va arribar com el quart míster de la temporada del Valencia CF, va estrenar banqueta a primers del mes de abril a la jornada 31. De fet, en aquesta temporada 2016/17 recentment iniciada, Ayestarán ha estat el primer destituït després de perdre els quatre primers partits de Lliga. Sense ànims d'ofendre, no sembla que sigui un fet casual o puntual. Dins els nivells que estem tractant, on la majoria dels jugadors prefereixen entrenadors exjugadors, els que no ho han sigut tenen un handicap inicial només superable mitjançant victòries. Si aquestes no arriben de forma immediata, ja coneixem les conseqüències.

En observar a la Fig. 5 els equips on van jugar com a professionals els primers entrenadors, s'aprecia que tretze dels vint-i-sis entrenadors exjugadors (50%), han entrenat la temporada 2015/16 en equips que van militar com a jugador: Ernesto Valverde (Athletic Club), Diego Simeone (Atlético de Madrid), Luis Enrique (FC Barcelona), Pepe Mel (Betis Balompié), Juan Merino (Betis Balompié), Eduardo Berizzo (Celta de Vigo), Víctor Sánchez (Deportivo de la Coruña), Sergio González (RCD Espanyol), Constantín Galca (RCD Espanyol), Paco Jémez (Rayo Vallecano), Zinedine Zidane (Real Madrid), Abelardo Fernández (Sporting de Gijón) i Salva González "Voro" (Valencia CF). Dotze d'aquests tretze van jugar quatre o més temporades al club on entrenen, fet que va poder desenvolupar cert sentit de pertinença al club. Algun d'ells va jugar fins a dotze temporades al mateix club, com és el cas de Joan Merino, qui després de la destitució de Pepe Mel, va passar del Betis "B" a fer-se càrrec del primer equip. Aquesta dada demostra la importància d'haver estat jugador professional del club, construint unes arrels que duren en el temps fins que un exjugador tingui la possibilitat de tornar al club amb un càrrec de tècnic.

Sobre els **segons entrenadors**, vint-i-dos són exfutbolistes professionals (71%), i nou no ho són (29%). En la figura de segon a Espanya, el percentatge de no exfutbolistes és més gran en comparació amb la figura de primer. Tres d'ells són llicenciats en Ciències de l'Activitat Física i l'Esport (INEF): David Dòniga (Deportivo de la Coruña), Josep Alcàcer (Getafe CF) i Ismael Martínez (Granada CF). Sens dubte que la figura del llicenciat en INEF ja no és només dedicada a la preparació física de l'equip, sinó que acompanya els tècnics per ser els seus segons de confiança. Aquesta és una dada que com a llicenciat en CAFE, com no pot ser d'una altra manera, m'alegra i m'enorgulleix. Si anteriorment comentava la importància que sota el meu punt de vista té l'haver estat exfutbolista professional per ocupar el lloc d'entrenador, penso exactament tot el contrari per al càrrec de segon. Sóc dels que creu que aquest no ha de tenir el mateix perfil que el seu entrenador. Està molt bé que tots dos es complementin, però si tenen les mateixes opinions, els mateixos pensaments, les mateixes experiències, etc., de què pot servir més que per acompanyar-lo? Si bé aquesta proposta pot semblar radical, el segon pot tenir un perfil diferent del primer, que li aporti allò que no tingui, que li doni opinions diferents i que, mitjançant una relació basada en la confiança, puguin discutir les diferents possibilitats que es poden anar donant en cada moment en aquest esport tan obert.

De fet si un exfutbolista professional aconsegueix llicenciar-se en CAFE estic segur que trobarà feina en algun staff del futbol professional, bé com a preparador físic o com a segon. Seria el perfil ideal de segon: experiències viscudes com exfutbolista i coneixements acadèmics. Principal raó que per mitjà d'aquesta obra animi els futbolistes que bé durant o després de la seva carrera professional, s'aventurin a matricular-se al grau de Ciències de l'Activitat Física i l'Esport. No tindran cap tipus de problema en trobar feina del que més els agrada quan es graduïn. Seran els més buscats del mercat.

Els segons entrenadors exjugadors (fig. 5), nou dels vint dos (41%) van jugar anteriorment en els clubs on actualment treballen: Jon Aspiazu (Athletic Club), Germán Burgos (Atlético de Madrid), Juan Carlos Unzué (FC Barcelona), Roberto Ríos (Betis Balompié), Jesús Capitán (Betis Balompié), Diego Ribera (RCD Espanyol), Àngel Rodríguez (UD Las Palmas), Marcelo Romero (Màlaga CF) i Ángel Angulo (Valencia CF).

Clubs Lliga BBVA Temp. 2015/16	Primer Entrenador			Segon Entrenador		
	Nom Cognom	Jug. Prof.	Clubs com Jugador	Nom Cognom	Jug. Prof.	Clubs com Jugador
Athletic Club	Ernesto Valverde	sí	Athletic Club	Jon Aspiazu	sí	Athletic Bilbao
Atlético Madrid	Diego Simeone	sí	Atlético Madrid	Germán Burgos	sí	Atlético Madrid
FC Barcelona	Luís Enrique	sí	FC Barcelona	Carlos Unzué	sí	FC Barcelona
Betis Balompié	Pepe Mel	sí	Betis Balompié	Roberto Ríos	sí	Betis Balompié
	Juan Merino	si	Betis Balompié	Jesús Capitán	sí	Betis Balompié
Celta de Vigo	Eduardo Berizzo	sí	Celta de Vigo	Ernesto Marcucci	no	-
Deportivo Coruña	Víctor Sánchez	sí	Deportivo Coruña	David Dóniga	no	-
SD Eibar	José Mendilibar	sí	Sestao SC	Iñaki Bea	sí	Real Valladolid
RCD Espanyol	Sergio González	sí	RCD Espanyol	Diego Ribera	sí	RCD Espanyol
	Constantin Galca	sí	RCD Espanyol	Dumitru Uzunea	no	-
Getafe CF	Franc Escribà	no	-	Josep Alcàcer	no	-
	Eduardo Esnáider	sí	Real Zaragoza	Mauricio Elena	sí	CF Talavera
Granada CF	José Sandoval	no	-	Ismael Martínez	no	-
	José González	sí	Sevilla FC	Antonio Calderón	sí	Rayo Vallecano
UD Las Palmas	Paco Herrera	sí	Sporting Gijón	Ángel Rodríguez	sí	UD Las Palmas
	Quique Setién	sí	Racing Santander	Eder Sarabia	no	no
Levante UD	Lucas Alcaraz	no	-	Jesús Cañadas	no	no
	Joan Ferrer "Rubi"	sí	AEC Manlleu	Jaume Torras	sí	AEC Manlleu
Málaga CF	Javi Gracia	sí	Villarreal CF	Marcelo Romero	sí	Málaga CF
Rayo Vallecano	Paco Jémez	sí	Rayo Vallecano	Jesús Muñoz	sí	Albacete Balompié
Real Madrid	Rafa Benítez	no	-	Fabio Pecchia	sí	SSC Napoli
	Zinedine Zidane	sí	Real Madrid	David Bettoni	sí	AS Cannes
Real Sociedad	David Moyes	sí	Celtic Glasgow	Billy Mckinlay	si	Blackburn Rovers
	Eusebio Sacristán	sí	FC Barcelona	Andrés Costas	no	
Sevilla FC	Unai Emery	sí	CD Leganés	Carlos Carcedo	sí	CD Leganés
Sporting Gijón	Abelardo Fdez.	sí	Sporting Gijón	Ignacio Tejada	sí	Athletic Club
Valencia CF	Nuno Espiritu	sí	Deportivo Coruña	Rui Silva	no	-
	Salvador "Voro"	sí	Valencia CF	Phil Neville	sí	Manchester United
	Gary Neville	sí	Manchester United	Ángel Angulo	sí	Valencia CF
	Pako Ayestarán	no	-	David Caneda	sí	Córdoba CF
Villarreal CF	Marcelino García	sí	Sporting Gijón	Rubén Uría	sí	Cultural Leonesa

Figura 5. Entrenadors Lliga BBVA 2015/16.

Pel que fa als vuit segons entrenadors entrevistats per al llibre, quatre no van tenir carreres com a futbolistes professionals: Domenec Torrent, Jesús Pérez, Víctor Sánchez i Alberto Giráldez (va jugar només dues temporades a la Segona Divisió B). Els tres últims són llicenciats per l'INEFC, van treballar a la base de diferents clubs de futbol, i a més Pérez i Giráldez van ser preparadors físics professionals de segona i primera divisió espanyola. Dels quatre restants que si que van ser jugadors professionals, Jon Aspiazu, Diego Ribera, Toni Grande i Juan Carlos Unzué; tots ells van participar com a jugadors en els clubs on han exercit la temporada 2015/16 de segons. De fet, menys Unzué, van jugar en les categories inferiors o filial d'aquests.

Com és lògic, les vies d'accés al càrrec de segon entrenador en el futbol professional entre un exjugador i un no exjugador, són molt diferents. Els primers solen tenir bones connexions internes als clubs on van militar com a jugadors, sobretot aquells que van jugar en les seves categories inferiors i/o filial i després van ascendir al primer equip. Això fa que el sentit de pertinença, valor tan important en els esports d'equip, sigui més gran que aquells jugadors que tan sols van estar de pas al club alguna temporada. L'exemple és Jon Aspiazu, qui després de ser jugador de l'Athletic Club i del seu filial, torna anys després en retirar-se com a jugador per ser segon del filial en la temporada 2002/03, i en la 2013/14 en el primer equip de la mà d'Ernesto Valverde.

Una altra de les vies són les relacions interpersonals (amistat, relació professional, etc.), les experiències que hagin compartit junts en un vestuari durant un seguit de temporades poden crear llaços sentimentals inseparables. Sens dubte, a més de l'amistat, la confiança entre tots dos serà important, un dels requisits fonamentals per conviure junts en un món laboral tan competitiu. Aquest és el cas de Diego Ribera, l'aposta personal del seu míster Sergio González, amb qui van coincidir com a jugadors al filial i primer equip del RCD Espanyol.

També es pot arribar a ser segon entrenador professional mitjançant el prestigi obtingut com a jugador. Els càlculs són fàcils: si sumem el nombre de títols aconseguits com a jugador més el reconeixement públic, el resultat és prestigi. Tots sabem que el prestigi com a jugador, no podent ser d'una altra manera, és fonamental per arribar a treballar més tard com a tècnic. És un procés totalment lògic i natural, amb el qual hi ha gent que no hi està d'acord, que té la creença que per ser un bon entrenador cal estar ben format acadèmicament sense tenir necessàriament una experiència prèvia com a futbolista professional.

Aquesta discussió sempre estarà sobre la taula en el món del futbol, però l'actual realitat ens confirma que la majoria de tècnics exitosos són ex jugadors professionals, com sempre, amb excepcions. El debat està servit, per a molts companys *inefos* els millors tècnics són aquells que provenen del món acadèmic per tenir grans coneixements científics, informàtics i titulacions acadèmiques, mentre que per als exfutbolistes no hi ha dubte que la experiència com a jugador professional, el record de tots els seus tècnics, les vivències del vestuari, acostumats a la pressió mediàtica i als estadis plens, són fonamentals per ser un tècnic de futbolistes professionals.

D'altra banda, per als segons que no van ser professionals, les vies d'accés a aquest lloc laboral són ben diferents que dels exjugadors. Una d'ella és començar en un futbol base, bé sigui com a tècnic o com a coordinador/director. Sens dubte que ser entrenador d'un club amb prestigi (qualsevol que pugui tenir al seu primer equip a la primera divisió) pot ajudar en el currículum personal, però també en conèixer i establir llaços personals amb ex jugadors que puguin estar també exercint com a entrenadors a la base. No tots els exjugadors professionals entrenen directament a un filial ni molt menys a un primer equip, molts comencen a la base normalment en els clubs que van militar com a jugadors. Com acabo d'argumentar, aquestes persones són les que tenen més facilitat per a progressar en la seva carrera com a tècnic professional, és quan un no ex jugador pot lligar llaços professionals amb un exjugador i anar progressant juntament amb ell. Aquest cas em va passar a mi personalment en dues ocasions. La primera quan vaig estar treballant a l'Atlético de Madrid durant 2008 i 2009, on vaig coincidir amb Milinko Pantic, coordinador de les activitats esportives de la Fundación Atlético de Madrid. Em va proposar que fos el seu segon si es donava el cas que agafés les regnes del primer equip, va sonar en diverses ocasions per fer-se amb el càrrec, però no va tenir aquesta sort i va acabar a càrrec del filial. Anys després, vaig coincidir la temporada 2010/11 en el futbol formatiu del FC Barcelona amb Sergi Barjuan, ell com a tècnic del Juvenil "B" i jo de l'Infantil "B". D'aquí va néixer una relació que per molt poc no va quallar en la temporada 2011/12 i també en la 2012/13 com a segon entrenador al Recreativo de Huelva de *Barju*. Diferències i desacords amb la directiva del club andalús de llavors van provocar que no poguéssim lligar camins professionals.

Amb això no vull dir que un no exjugador no pugui progressar per si sol, començar en un futbol base, arribar a un filial o seguir pujant categories amb qualsevol equip amateur fins a esdevenir un entrenador professional. És cert que aquesta via és la més complexa, però tots sabem que en el futbol no hi ha res impossible si un és prou bo i a més aconsegueix posar de la seva banda l'atzar d'aquest ofici. Com a exemple poso a dos dels entrevistats: Víctor Sánchez i Domenec Torrent. Aquest últim, després de diverses temporades com primer i segon entrenador en les diferents categories del futbol base el CD Farners, i després en equips de Tercera Divisió catalana i Segona Divisió "B" com el FC Palafrugell, el Palamós CF i el Girona FC, es fa un lloc en el staff de Pep Guardiola al Barça "B" la temporada 2007/08 com a analista. Des de llavors i després de quatre glorioses temporades al primer equip del FC Barcelona, Pep se l'emporta amb ell de segon al FC Bayern Munchen (2013/14), guanyant els tres anys la lliga alemanya. Recentment ha signat el contracte amb Guardiola al Manchester City, Domenec seguirà sent el seu home de confiança a Anglaterra.

No solament es poden assenyalar camins triomfals en el lloc de segon entrenador sense haver estat abans jugador professional, sinó que també se'n troben com a tècnic principal. Posem com l'exemple més actual i proper el de Rafa Benítez, quan sent jugador dels juvenils del Real Madrid va patir una greu lesió que el va apartar de l'elit i en uns anys després dels terrenys de joc. Va aprofitar llavors per finalitzar la seva llicenciatura a l'INEF de Madrid i començar la seva carrera com a entrenador del juvenil "B" del Real Madrid. Després d'ajudant de Vicente del Bosque en el primer equip, i després de diverses temporades com a primer ple d'èxits i fracassos, d'ascensos i descensos de primera a segona divisió espanyola, aconsegueix guanyar com a entrenador del Valencia CF les Lligues 2001/02 i 2003/04, a més de la Copa de la UEFA. Guanya la prestigiosa Champions League 2004/05 i Supercopa d'Europa 2005/06 amb el Liverpool FC i la Supercopa d'Itàlia amb l'AS Roma, fins que torna a la banqueta del primer equip del Real Madrid la temporada 2015/16.

Una altra via per als no ex jugadors fins a ser segon entrenador professional, aquesta per als llicenciats en Ciències de l'Activitat Física i l' Esport, és la d'haver treballat com a preparador físic professional. L'experiència adquirida, els coneixements que això aporta juntament amb les persones que es van coneixent pel camí, fan que puguis topar-te amb un entrenador amb el qual hi hagi *feeling* professional, i que amb el temps arribis a ser la seva persona de màxima confiança. Aquest és el clar cas de Jesús Pérez, que després de ser preparador físic en equips com el Gimnàstic de Tarragona (1996/1998), el Castelló (1998/1999) i el Real Múrcia CF (1999/2005), va començar a ser segon al Rayo Vallecano (2007/08) de Pepe Mel, a la UD Almeria (2008) i l'Al Ittihad Club d'Aràbia

Saudita (2009/10). Fins que va arribar al RCD Espanyol (2010/11) de nou com preparador físic a les ordres de Mauricio Pochettino, qui va veure en ell aviat com la seva mà dreta per portar-lo al Tottenham anglès (2014/15).

PRIMERES EXPERIÈNCIES

"Ja arriben. I jo no estic preparat. Com anava a estar-ho? Sóc un professor nou, i estic aprenent amb la pràctica".

FRANK Mc COURT

Ningú neix après, ni els primers entrenadors, ni els que van ser futbolistes professionals, ni els que ja van tenir experiències anteriors similars. Com en la vida, les primeres passes laborals, encara que lògicament poden ser satisfactòries, són d'aprenentatge i de constant reajustament personal. Són moments que no s'obliden, que alguns anomenen com a molt satisfactòries però que en canvi altres ho recorden amb certes dificultats. Recordo perfectament cada primer dia en les meves diferents tasques relacionades amb el futbol, en totes elles la meva obsessió sempre ha estat intentar donar una imatge de seguretat i responsabilitat.

La meva primera experiència com a entrenador-educador va ser com a ajudant en un equip extraescolar de l'institut Martí i Franquès de Tarragona, el tècnic era un amic del meu pare, Pepe Silva. Jo tan sols tenia disset anys i era estudiant de segon de Batxillerat. Recordo realitzar el meu primer exercici amb el grup i escalfar al porter amb llançaments consecutius en els partits. La meva segona experiència va ser, encara que molt gratificant personalment vist amb anys de perspectiva, dura en sí mateixa. Vaig entrenar tota la temporada el Benjamí "G" de la UE Lleida, va ser durant el meu primer any de carrera a l'INEFC Lleida. Crec recordar que tan sols vam guanyar un o dos partits, que viatjava amb els pares en els seus cotxes pels camps, i que necessitava aquests diners cada mes (120 euros, vint mil de les antigues pessetes) per poder pagar el lloguer del pis. No vaig tornar a entrenar de nou fins un cop finalitzada la carrera, quatre anys després, i ho vaig fer al Cadet "C" del Gimnàstic de Tarragona, tornant així de nou al club en què vaig jugar a futbol des dels vuit anys. Va ser l'inici d'uns bons anys com a primer entrenador de futbol base combinat com a professor d'Educació Física a diferents instituts de la província de Tarragona. El *Nàstic* històricament ha estat l'equip de la ciutat de Tarragona i pertànyer a ell sempre m'ha omplert d'orgull i passió. Recordo la meva presentació als jugadors per part de Jose Sicart i Aniceto, director esportiu i coordinador del futbol base respectivament. Les següents dues temporades vaig estar al càrrec de l'Infantil "A" a la màxima categoria Infantil de Catalunya amb un amic de la carrera, Manolo Muñoz, a qui sempre vaig anomenar com *el meu company metodològic*.

Un canvi en la meva vida personal va fer que ho deixés tot i marxés a viure a Madrid el 2008. Gràcies a Juan Vizcaíno, actual tercer entrenador de l'Atlético de Madrid de Simeone, vaig poder entrar a treballar a les tardes com a tècnic a la Fundación Atlético de Madrid, que per aquell llavors dirigia Milinko Pantic. Recordo la meva primera entrevista amb ell perfectament. Vaig baixar de l'autobús a Majadahonda per dirigir-me al Cerro del Espino (la seva ciutat esportiva) tot esperant tenir una reunió molt formal en algun despatx, però em vaig trobar que estava ordenant i comptant les pilotes en la típica habitació del material. Aquesta va ser la meva primera trobada amb el mític jugador de l'*Atleti de Doblet*. Sens dubte aquest simple detall diu molt de com és *Sole* (així li diuen els seus amics), un autèntic crack fora i dins dels terrenys de joc.

Com els meus ingressos eren escassos, em vaig oferir per treballar com a entrenador de futbol en els centres penitenciaris de la Comunitat de Madrid mitjançant la Fundación Atlético de Madrid. Això si que va ser una nova i enriquidora experiència personal, a tots els nivells. El meu primer dia en una presó, si mai heu estat a cap, em vaig adonar de moltes coses. Una de les que m'agradaria deixar plasmat va ser el de donar-me compte que el simple fet de poder jugar a futbol fa feliç a les persones, sigui quina sigui la seva condició.

Aquell mateix any, Vizcaíno va contactar amb Toni Muñoz, director esportiu del Getafe CF perquè pogués pronunciar-me sobre el que volia fer per a la meva tesi doctoral en el primer equip entrenat llavors per Víctor Muñoz. El meu primer encontre a les oficines del club amb el staff va ser demolidor. A l'oficina estaven Víctor, el seu segon, Raul Longui, el seu preparador físic, Manuel Lapuente, i el preparador de porters, Juan Carlos Arévalo. Abans de presentar-me i argumentar les meves intencions, Víctor em va preguntar sense vacil·lar que els plantegés el que havia vist en la sessió d'entrenament que just acabaven de realitzar. Potser respongués més o menys amb encert a la seva pregunta. Sens dubte va ser una de les experiències més inoblidables per a mi, de la qual sempre els estaré molt agraït, sobretot a Manu Lapuente per la seva desinteressada ajuda, per la seva rebuda i col·laboració des del primer dia. *"D'ara endavant pots utilitzar aquestes oficines amb nosaltres, tan sols passa'm els vídeos i el que facis dels entrenaments i partits que vas gravant"*, em va dir Víctor Muñoz. Així que, amb motiu de la investigació de la meva tesi doctoral sobre pilota parada en futbol, vaig registrar en vídeo totes les sessions d'entrenament i els partits del Getafe com a local de la primera divisió, amb el meu trípode i la meva nova càmera de vídeo. En aquell moment la majoria dels equips de la primera divisió espanyola no gravaven els seus entrenaments.

La temporada 2010/11 vaig fitxar com a entrenador de l'Infantil "B" del FC Barcelona gràcies a Albert Puig, qui va confiar en mi per al càrrec. Sens dubte va ser de nou un repte personal, tornar a la meva Barcelona natal, i aquest cop per treballar a la base de la millor pedrera del món. No sé si podia estar més nerviós el dia de la meva presentació en els vestidors de la Ciutat Esportiva Joan Gamper. Guillermo Amor i Albert Puig, els coordinadors d'aquests anys, em van presentar als joves jugadors amb molta il·lusió, respecte i afecte, i immediatament vam saltar al camp a entrenar; Puig sempre ha estat un obsessionat en no perdre temps d'entrenament: *"Aquí no es perd ni un segon en el qual el jugador no estigui jugant al futbol"*. El canvi metodològic va ser bestial, a l'Atlético utilitzàvem exercicis per entrenar els aspectes purament condicionals i tècnics, mentre que al Barça, l'únic protagonista és la pilota. Els inicis van ser molt estressants. Els recordo difícils per la pressió que comporta dur l'escut, dels coordinadors i de la premsa, però gràcies als companys del staff, Carles López (segon), Raúl Rincón (delegat) i Adrià Vila (fisioterapeuta), van fer que tot fos més fàcil. Vaig haver d'aprendre molt ràpidament el diferenciat estil de joc del FC Barcelona, de fet cada dia segueixo aprenent coses noves.

Després de cinc anys en els infantils "B" i "A" em van encarregar a la temporada 2015/16 de ser el segon entrenador del Juvenil "B" de Quique Álvarez. Sens dubte que el paper de segon era totalment nou per a mi, tot i que amb divuit anys d'edat vaig col·laborar a les banquetes en un extraescolar, de nou em vaig trobar amb una faceta totalment nova per a mi. Les primeres setmanes caminava molt dubitatiu sobre com havia ser el meu comportament amb ells i amb Quique. Amb els jugadors perquè havia estat el seu entrenador quan van ser infantils i mostraven el distanciament amb mi, i amb Quique pel simple fet de no fallar a algú que va apostar i va confiar en mi, un entrenador que coneix a la perfecció l'*Estil Barça* i que mira realment per la formació dels jugadors. El que més em va preocupar en aquests primers passos com a segon va ser veure com arribar al jugador per intentar ajudar-lo, ja que sempre he pensat que si ajudes primer al jugador, estàs ajudant a l'equip i al míster.

Hi ha una frase que diu que la primera impressió és la que queda. Per això podria dir-se que el missatge que dóna l'entrenador amb la primera xerrada, amb les primeres decisions importants que pren, i fins i tot amb la primera bronca, cala en la impressió que es puguin dur d'ell els jugadors. Per exemple, són conegudes les paraules de Pep Guardiola en la seva primera xerrada amb els jugadors com a tècnic del primer equip del FC Barcelona la temporada 2008/09 (www.sport.es):

"Senyors, bon dia. Poden imaginar la gran motivació que és per a mi estar aquí, entrenar aquest equip. És el màxim honor. Per sobre de tot, estimo aquest club. I mai prendré una decisió que perjudiqui o vagi en contra del club. Tot el que faré es basa en el meu amor pel Barcelona. Necessitem i volem ordre i disciplina.

L'equip ha passat per una època en què no tothom era tan professional com hauria d'haver estat. És hora de córrer i donar-ho tot. He estat part d'aquest club des de fa molts anys i sóc conscient dels errors que s'han fet en el passat. Jo et defensaré fins a la mort, però també puc dir que seré molt exigent amb tots com ho sóc amb mi mateix.

Només us demano això. No et fotré la bronca si perds una passada, o si falles un rebuig que ens costi un gol sempre quan sàpiga que estàs donant el cent per cent. Jo podria perdonar qualsevol error però no perdonaré qui no lliuri el seu cor i la seva ànima al Barcelona.

No estic demanant resultats, només rendiment. No acceptaré els que especulin sobre el rendiment. Això és el Barça, senyors, això és el que es demana de nosaltres, i això és el que vaig a demanar-los. Cal donar-ho tot. Un jugador per si mateix no és ningú, necessita els seus companys del voltant. A cadascun dels que estem en aquesta sala.

Molts de vosaltres no em coneixeu, així que farem servir els propers dies per formar el grup, una família. Si algú té algun problema sempre estic disponible, no només en matèria esportiva sinó professional i familiar. Som aquí per ajudar-nos els uns als altres i assegurar-nos que hi hagi pau espiritual per a que els jugadors no sentin tensions o divisions. Som un. No fem grupets perquè en tots els equips això és el que acaba matant l'esperit d'equip.

> *Els jugadors d'aquesta sala són molt bons, si no podem arribar a guanyar res, serà culpa nostra. Estiguem junts quan els temps siguin difícils. No filtrem res a la premsa. No vull que ningú faci la guerra pel seu compte. Estiguem units, tingueu fe en mi. Com exjugador, he estat en el vostre lloc i sé pel que esteu passant. L'estil ve determinat per la història d'aquest club i serem fidels a ella. Quan tinguem la pilota, no la podem perdre. Quan això passi, cal córrer i recuperar-la. Això és tot, bàsicament".*

Els segons entrenadors entrevistats recorden bé aquests primers moments i alguns ho expliquen amb certa nostàlgia. Diego Ribera recorda així els seus primers mesos en el càrrec debutant com a segon al RCD Espanyol:

> *"Els primers moments et ve tot molt de cop i volta, i si que és veritat que encara que hagis estat dins d'un equip de futbol a nivell professional com a jugador no té res a veure. Els primers mesos van ser durs, l'equip tampoc acabava d'arrencar. Però amb treball es va anar solucionant tot, i amb l'ajuda del míster i de la resta del cos tècnic van fer que tot funcionés millor. Al final el primer any va ser excel·lent, un any en el qual vam fer semifinals de Copa del Rei i fins a l'última jornada vam tenir opcions de ficar-nos a Europa League".*

Els inicis de Torrent van ser *"apassionants"*, igual que Toni Grande, qui declara tenir uns grans records d'aquests primers moments al costat de Fabio Capello al Real Madrid. Alberto Giráldez els recorda com a molt satisfactoris ja que *"portava molts anys entrenant"*. Jesús Pérez, igualment, rememora aquesta època de la següent manera:

> *"Satisfactori pel que fa a la meva feina com a suport a l'entrenador, a la part de la planificació i desenvolupament dels continguts del joc i com a preparació de l'equip, no només pel que fa a la preparació física. Tot i ser un club de Segona Divisió "B" gran, els recursos no eren gaires. El paper de segon o assistent ha de generar una transcendència interna, és una figura de suport, mai de rellevància externa".*

Jon Aspiazu just acabava de finalitzar la seva carrera professional com a jugador quan va passar a ser segon del filial de l'Athletic:

"En aquesta època encara et consideres un futbolista semi retirat, estàs molt a prop dels jugadors, fas les pràctiques futbolístiques amb ells, participes molt en l'entrenament. Estava en un filial, els jugadors estaven molt educats esportivament després d'anys de trajectòria en el futbol base. Meravellat per la capacitat d'entrenament dels jugadors, podrien exercir sense que els entrenadors «vigilessin» la sessió".

Un cas molt semblant va ser el d'Unzué, qui justament la següent temporada de retirar-se com a porter professional començà el seu camí com a tècnic, en aquest cas set temporades com a entrenador de porters del FC Barcelona. Ja com a segon, recorda les seves primeres experiències al costat de Luis Enrique perfectament, de qui agraeix que tinguessin un *feeling* personal previ perquè això va ser el que li va facilitar el seu procés d'adaptació:

"Va ser una sensació en alguns aspectes semblant a la que havia tingut anteriorment quan ets nou en alguna cosa. El mateix quan vaig ser jugador, quan vaig anar d'entrenador de porters, i quan vaig anar de primer entrenador a Sòria. La sensació és que tot i els molts anys que tenia acumulats i amb diferents rols en el futbol professional, no deixes de ser un novell en el nou rol. La sensació que hi ha molt per aprendre. Això és el que em va animar sempre a fer coses diferents, saber que cada lloc té les seves exigències, les seves normes, els seus rols, les seves formes d'actuar.

A més es va donar en el meu cas que era l'únic que arribava nou al cos tècnic. En certa manera ja coneixia Luis, tot i el feeling que teníem personalment, jo no havia treballat ni amb Luis ni amb ningú del seu cos tècnic. Quan em porta de segon entrenador és cert que és perquè hi ha una gran proximitat, però després cadascú tenim els nostres matisos i les nostres idees. A més jo ja he estat primer entrenador també, pel que no va ser fàcil l'adaptació. En el nostre cas va ser molt, molt important, jo diria que definitiu, la gran connexió que hi havia personal, perquè ens va ajudar a seure un davant de l'altre, mirar-nos als ulls i dir-nos: «per què som aquí?» Per ajudar-nos, per créixer els dos junts, per ser més forts, per no ser un i un, sinó dos. Això va ajudar molt, el bon feeling".

Per la seva banda, els temors inicials de Víctor Sánchez van ser deguts sobretot al canvi d'idioma i al ser novell en el món del futbol professional:

"Hi ha un parell de coses que recordo: la primera és que jo marxo a l'estranger en un lloc on el meu domini de l'anglès no era el millor, de manera que marxo amb una mica de por per veure com seré capaç de comunicar-me. D'altra banda, amb el cos tècnic sabia que em podria comunicar en espanyol, cosa que va fer que em quedés una mica més tranquil. I el que més recordo és el dubte amb el que em podria trobar, amb una gran diferència dels nois que havia entrenat sempre que eren cadets i juvenils, a treballar amb un equip professional.

El que va resultar és que no vaig trobar cap diferència, que tractaves amb persones iguals, no vaig notar cap diferència entre entrenar un jugador professional amb un jugador cadet del Barça. Lògicament, més enllà de qualsevol diferència d'entendre a les persones, un jugador cadet amb quinze anys té uns problemes, i un jugador professional té altres problemes".

Com li va passar a Víctor, un dels majors temors que tenen molts entrenadors abans d'aventurar-se en un projecte a l'estranger és la dificultat de l'idioma. Realment, som el que diem i com ho diem, la nostra projecció cap als altres es basa en les nostres paraules i en el llenguatge corporal. Sens dubte que si no es coneix l'idioma del país allà on es vol treballar com a tècnic, la dificultat afegida està garantida des d'un principi. Si es té temps previ per aprendre el més bàsic, arribar a dominar els conceptes més fonamentals de l'idioma i conèixer algunes paraules tècniques del futbol, es guanyarà molt. És increïble amb el poc que es pot arribar al jugador. És obvi que el gran problema està en un inici, en no conèixer res de l'idioma, el no poder expressar-te ni per dir bon dia, l'haver de necessitar un traductor en tot moment (sense treure mèrit ni ofici al treball del traductor en l'esport).

Personalment tinc la sort de poder viatjar a l'estranger per competir en tornejos internacionals i per entrenar en els *Summer Camps* de l'FCB Escola. En aquells països on vaig poder expressar-me mitjançant el meu anglès de nivell mitjà, no vaig notar una gran diferència de fer-ho en el meu idioma natal. El problema el vaig trobar a Pequín (Xina), on vaig necessitar, lògicament, un traductor per plantejar cada un dels exercicis durant dues setmanes. Vaig aprendre el difícil que es fa entrenar d'aquesta manera, sense poder arribar al jugador, sense poder parlar ni dirigir-me directament a ell, sinó mitjançant un traductor. Un altre problema afegit és que el traductor no sigui de qualitat i que no s'aconsegueixi transmetre el que realment es vol.

AUTOPERCEPCIÓ

"Només hi ha una manera per evitar les crítiques: no fer res, no dir res i no ser ningú".

ARISTÒTIL

En bàsquet fa temps que el valor d'un "entrenador ajudant" (així es coneix comunament en aquest esport) és àmpliament reconegut. En futbol ha costat una mica més de temps, però ja tenim els primers indicis clars d'una consciència cap al reconeixement del segon entrenador.

Per exemple, hi ha nombrosos escrits en premsa que ressalten aquesta figura destacant les seves diferents tasques, les intervencions des de la banqueta durant els partits i fins i tot les seves converses amb el primer entrenador. Valgui com a exemple alguns articles dels diaris esportius. Un dedicat a Steve Walsh, segon de Claudio Ranieri al Leicester City FC, campió de la Premier League 2015/16, a nomenant-ho com *"L'heroi discret"*, i un altre a Juan Carlos Unzué com a *"El crack a la ombra del Barça"* en les últimes temporades victorioses del FC Barcelona (www.sport.es):

"No es parla d'ell ni ocupa portades, però els números demostren que Unzué és un dels principals 'culpables' de la gran temporada que està fent el Barça".

Un altre mitjà que destaca la tasca del segon és la revista digital de la Selecció Espanyola de Futbol (www.sefutbol.com), tot titulant el seu article sobre Toni Grande com a *"El gran home darrere del seleccionador"* i dient textualment:

"Una de les tasques més importants després de la de Vicente del Bosque és la que porta de forma constant i callada Toni Grande, el segon de la Selecció Espanyola".

Què ha de percebre sobre si mateix i sobre la seva tasca el segon? S'ha de sentir ben valorat per l'entrenador? Ha de sentir-se important? Sent realment que l'entrenador el necessita? Són qüestions que s'han preguntat als segons per saber com es valoren ells mateixos i conèixer el que creuen que pensen els seus tècnics sobre ells.

Unzué és dels que pensa que els únics imprescindibles són els jugadors; ell l'únic que intenta és aportar i ajudar a l'entrenador, tot fent una tasca de segon compartida amb Robert Moreno:

"Ell des del primer moment em va fer saber que el meu rol com a segon entrenador havia de ser compartit. En el meu cas ell volia que jo estigués sempre al seu costat, però en certa manera amb un status compartit (...)".

"A mi m'agrada la sensació de poder aportar, què puc fer jo que Luis sigui millor entrenador, perquè el cos tècnic pugui créixer. A partir d'aquí el meu pensament sempre està en sumar. Hi ha coses que tu pots sumar des d'una percepció molt individual, que són virtuts que pots adaptar al cos tècnic i l'entrenador, i n'hi ha d'altres que tu tens la capacitat d'observar i percebre com ara què necessita o en què pots ajudar més a l'entrenador. És un tema més de percepció de les necessitats. El que jo intento és sumar, aportar al grup".

Diego Ribera no es veu com a fonamental o imprescindible, però si opina que la seva aportació és important per a Sergio i el rendiment del equip:

"Crec que els fonamentals són els jugadors i el primer entrenador. Els altres intentem ajudar perquè tot funcioni bé i que el primer entrenador tingui les solucions per poder decidir com ell vol decidir. Jo si que em sento important, sóc elegit per l'entrenador, i al final és una de les coses que jo li dono molta importància. Em sento important però per a res imprescindible".

D'aquesta manera sent que el míster el necessita i valora molt positivament que d'entre moltes opcions l'hagi escollit a ell:

"Em sento important per a ell perquè ell em va triar. Serà perquè li aportaré alguna cosa que li agrada, o que el fa sentir bé, o que pensa que l'ajuda. Jo he tingut la sort que em triés a mi, podent haver triat a molta gent, per això sento que vol que estigui amb ell, sento que la meva aportació li ha de ser vàlida".

Grande i Torrent, de la mateixa manera que Ribera, se senten importants i tenen la mateixa impressió de ser necessaris per als seus respectius entrenadors, tots dos senten que l'ajuden. Giráldez té una autopercepció sobre el seu treball com a *"complementària, d'equilibri i que aporta experiència"*, així mateix està segur que el seu entrenador el necessita.

Aspiazu, d'altra banda, jutja la seva tasca dins el staff com a *"corporativa"*, i ho argumenta de la següent manera:

> *"L'entrenador és l'eix central del projecte i tot el cos tècnic s'orienta a facilitar la seva tasca. El primer entrenador és molt personalista en el control de tots els detalls que afecten el dia a dia, en tots els aspectes. Però també procura atendre tots els nostres punts de vista, sempre està obert al diàleg i al debat".*

En preguntar si sent que el míster el necessita, declara que després d'anys de convivència amb Valverde, sent que la confiança mútua entre tots dos fa més fàcil el treball:

> *"La capacitació de Valverde és molt gran, podria gestionar tot el referent a l'equip. Nosaltres estem allà per a facilitar la seva tasca i que se centri, sobretot, en els aspectes més importants de l'equip. Mantenim una relació de confiança que ve de lluny i no necessitem massa detalls per reconèixer el que necessitem un de l'altre".*

Pérez destaca la importància que li dóna a no voler destacar, a no voler ser una figura pública, sinó que rendeixi de portes endins:

> *"És un paper molt personal, cada primer crea la figura del seu segon. Els rols es defineixen en base a les capacitats i, sobretot, la confiança. Ell em fa partícep i m'inclou com a mostra de confiança. La importància de l'assistent no està en la imatge pública sinó en el rendiment intern".*

Se sent important perquè el seu entrenador així li ho fa saber, i perquè confirma ser la seva extensió dins del club, essent una gran responsabilitat per a ell:

> *"Tinc la sensació, i l'entrenador m'ho fa saber, que sóc important. Si em necessita? A mi em fa sentir important en el dia a dia, em fa sentir que tinc responsabilitat, que tinc un espai molt gran, que tinc molta responsabilitat cap a ell i cap al club, perquè cada cosa que jo faci o digui repercuteix en ell, sóc la seva imatge quan ell no està en moltes coses.*

Ja donen per fet que quan parlen amb mi, és com si estiguessin parlant directament amb ell. El sentiment que tinc, més enllà de que he de fer la meva feina bé, és molt important com jo em comporti perquè sóc la imatge d'ell, el represento, i més en un país on l'idioma és un element de connexió o de mala interpretació".

Sánchez, per la seva banda, destaca que totes les persones del staff de Paulo Sousa tenen una importància elevada; ell és una peça més. A la vegada se sent escoltat i molt ben valorat pel tècnic:

"Jo sóc una peça més d'un staff molt global on, sobretot, les quatre persones que portem junts aquests quatre anys, tots tenim una importància molt elevada, sabent molt bé que el líder del projecte és el míster. El que acaba de tenir més valentia o no a l'hora de prendre qualsevol decisió acaba sent el míster. Parlo també en nom dels altres, jo em sento molt valorat, se'ns escolta molt en tot allò que aportem, bé sigui en tasques d'entrenament, segons l'opinió de jugadors, o en el que veiem en el partit, els canvis, quines coses poden afavorir l'equip durant el joc, qualsevol cosa".

També creu ajudar a l'entrenador, però no pensa que Sousa el necessiti com a tal, pensa que és prescindible, com els altres integrants del staff:

"La pregunta sobre si crec que em necessita, la paraula «necessita» és una mica forta. Sí penso que l'ajudo. Que em necessiti és una altra cosa, tots som completament prescindibles. Que m'escolta i que l'ajudo, crec que sí".

PREOCUPACIONS, PRESSIÓ, ANGOIXA

"No hi ha res millor que l'adversitat. Cada derrota, cada angoixa, cada pèrdua, contenen la seva pròpia llavor, la seva pròpia lliçó sobre com millorar el teu rendiment la propera vegada".

MALCOLM X

Quines són aquelles coses que més preocupen als segons? Què els produeix més intranquil·litat en la seva professió? Han de ser les mateixes coses que les del seu tècnic? Els primers entrenadors, els qui viuen lligats a la inèrcia dels resultats setmana rere setmana, els majors responsables de les derrotes de l'equip, en qui recau directament la culpabilitat de la manca de rendiment, els que han de donar la cara de portes endins i també al públic; aquests no tenen les mateixes preocupacions que els segons. Al final l'èxit personal com a tècnic dependrà de les vegades que l'equip guanyi i de les que no. Està realment el segon tan enfocat en aquesta mateixa direcció? Evidentment que sí, el segon vol guanyar tant com el seu entrenador, però amb matisos que canviaran la seva forma de pensar i d'actuar. És de suposar que, com cada persona, cada segon té les seves pròpies preocupacions dins del staff i de l'equip però, en general tots treballen en ajudar l'equip a ser millors.

Dins de les particularitats de cada un, la meva és estar a prop d'aquells jugadors que més ajuda necessiten. Depenent de cada moment de la temporada, donar suport a aquells jugadors que sobretot estan participant menys, mostrar una veritable preocupació per l'estat personal del jugador. Sempre he cregut que un bon equip és aquell en que tots els seus membres estan units en la recerca d'un objectiu comú, com se sol dir en l'argot futbolístic: "Anar tots a una". Sóc una persona que intenta ser proper a ells, conèixer els seus pensaments i la seva motivació del moment; i aconseguir que expressin amb sinceritat els seus pensaments i problemes és un dels aspectes que més em preocupen. No només treballo per als que juguen menys, sinó també per conèixer l'estat mental dels lesionats i dels jugadors que no estan al seu millor nivell de rendiment, juguin o no. També intento ser més proper al míster quan l'equip no guanya, quan pot semblar un moment més delicat per a ell, quan pot necessitar més el suport del seu segon.

La major preocupació d'Alberto Giráldez és complir sempre amb les seves funcions; per Torrent és poder ajudar i entendre el paper que es té com a segon; per Aspiazu són *"complir els objectius que anem marcant-nos com a equip, progressar com a equip en tots els àmbits"*; i per Grande és ser eficient, lleial i sincer.

La preocupació d'Unzué es relaciona en poder sumar sempre, ajudar a l'entrenador en les situacions canviants:

"La sensació de sumar, de poder aportar alguna cosa. Tinc la sort d'haver fet del meu hobby una professió. És una satisfacció en certa manera en el que faig, com a jugador, en qualsevol rol dels que he tingut. En aquest sentit, el venir a treballar, posar hores i dedicar-li molt temps no és una exigència, no és una cosa que em pugui preocupar. Sí que em preocupa el seguir sent capaç de seguir observant i de quina manera puc aportar a l'equip i a l'entrenador. Sentir-me útil en cada moment. Les circumstàncies no són sempre les mateixes durant un any, són canviants. Els resultats ens condicionen molt a tots, i cada setmana pot ser diferent. El que t'ha servit en un equip potser ara no et valgui. Aquesta capacitat per observar i percebre és important per a mi. Preocupació sí, però és el meu treball".

Diego Ribera a més de preocupar-se pel seu entrenador, també ho fa pels seus jugadors en el terreny de joc:

"La meva major preocupació sobre el terreny de joc és quan dono una ordre o estic en una tasca, que el jugador entengui el que volem fer i el que volem treballar en aquesta sessió. Després, pel que fa a l'entrenador, agradar-li i que ell senti que jo sóc important per a ell".

Pérez enfoca les seves preocupacions en com ser millor cada dia com una obsessió professional:

"La tinc claríssima, sempre la tinc al cap: com podem ser millors en la nostra manera de gestionar i d'entrenar any rere any. Què és el que podem fer, què és el que ens pot ajudar a millorar, enviem a la gent on sigui i convidem a que ens vinguin a veure. Què podem millorar metodològicament, de recursos humans, de tecnologies a nivell condicional i a nivell d'anàlisi, de gestió de grup, com millorar el staff del club, com millorar les relacions internes. La nostra gran

obsessió és com evitar debilitar-te i seguir millorant. Analitzar què passa en altres contextos, en altres equips i en situacions per les quals passen altres equips, per extreure principis que potser algun dia necessitessis aplicar".

Víctor Sánchez es mostra molt clar pel que fa a les seves preocupacions com a segon, però el que menys li agrada és fallar en alguna decisió presa:

"No tinc moltes preocupacions, però el que sí podria ser-ne una és que arribi el moment en que vegi una cosa i no sigui capaç de transmetre-la. També, no és que em preocupi perquè forma part de la vida equivocar-se, però per exemple, prendre una decisió i veure que no ha estat la més encertada, no em genera preocupació però és el que menys m'agrada".

A més de voler conèixer les preocupacions dels segons, vaig trobar interessant conèixer com viuen ells la pressió dels resultats, si els crea angoixa o aclaparament en el seu treball, si és comparable a la del tècnic principal. Patricia Ramírez tracta, segons el meu parer amb molt d'encert, el tema de la pressió i l'excés de responsabilitat que té l'entrenador, i ho defineix de la següent manera (2014: 184-185):

"La pressió és una força psicològica que sotmet a la persona, tot obligant-la a donar uns resultats que no sempre depenen d'ella. Perquè la situació d'exigència es converteix en una amenaça davant la qual l'entrenador es pot veure sense els recursos suficients. La pressió és fruit de la percepció i interpretació que els entrenadors feu de la vostra professió, l'entorn, dels resultats i de les exigències del club, l'afició i la premsa. S'associa amb la por de perdre el seu estatus, a perdre el lloc de treball, a ser criticat cada cap de setmana en funció del joc i a sortir-se de la roda d'entrenadors degut a una mala ratxa".

Però, el segon nota aquesta pressió de la mateixa manera? Sent que pateix angoixa o aclaparament? De la mateixa manera que les satisfaccions i les preocupacions dels segons entrenadors són diferents a les dels primers, com són els sentiments des d'un segon pla? Qui hagi pogut experimentar les dues posicions es donarà compte ràpidament de la gran diferència que hi ha entre ser primer i segon, a causa sobretot de la responsabilitat. I és que el futbol es viu de diferent manera des d'una banqueta sense la pressió directa del resultat. Quantes vegades hem sentit dir o experimentat el canvi de personalitat de l'entrenador dins i fora de la banqueta: *"En els partits es transforma, és una altra persona"*. Els nervis a causa de la pressió de voler guanyar fan canviar l'actitud dels entrenadors i alterar els seus comportaments, fins i tot els més experts i llorejats admeten quedar sorpresos quan es veuen després a la televisió. És el cas de Mourinho, qui va declarar un dia preferir no veure's després a la televisió per tot el que feia a la banda.

Això no li sol passar als segons, que casualment solen mostrar-se més tranquils i assossegats. No és que coincideixi el perfil de personalitat de tots els segons, és que la pressió del segon en un banqueta és molt menor que la del primer, raó per la qual ha d'ajudar-li a veure i actuar amb claredat quan els nervis el traeixen.

Els segons entrevistats mostren diverses respostes diferents: Grande, Unzué, Torrent, Pérez, Sánchez i Giráldez rebutgen notar pressió o angoixa pel seu treball, mentre que Ribera i Aspiazu si que anomenen la pressió en l'exercici de la seva professió.

Unzué, que ha exercit de primer i de preparador de porters, ha viscut la gran diferència que hi ha entre primer i ajudant:

> *"Jo puc parlar per experiències pròpies, i el que sí que he sentit és una gran diferència essent primer del que sent com a ajudant. La diferència és abismal, fins i tot si tu tens responsabilitats individuals com a segon entrenador, que en el meu cas jo les tinc, és igual, al final la sensació que perceps com tot el equip, és que el míster és qui acaba decidint. És qui assumeix la responsabilitat, pot ser que hi hagi coses que altres decideixen, però ell assumeix tota la responsabilitat, de les decisions pròpies i de les del seu cos tècnic. Com a ajudant és molt més fàcil mostrar la teva idea sabent que ell és el responsable, llavors la diferència és molt gran".*

A més, argumenta sobre com cal portar la pressió, com poder gestionar-la en un moment donat, sobretot sota el càrrec de tècnic principal:

> *"És un error no demostrar les nostres debilitats, sentir-se angoixat, sentir que tens pressió; quan resulta que és el més normal i habitual del món. L'única manera de créixer, no només com a segon entrenador, sinó també com a primer, és*

> *saber i reconèixer les teves debilitats perquè això fa que en un moment donat siguis capaç de transmetre-les. Quan les he tingut, el simple fet de transmetre-les m'ha alleujat. Si tu coneixes les teves pròpies limitacions, sempre pensant en evolucionar i millorar, si ets capaç de fer autocrítica i de pensar sobre això, has de saber envoltar-te dels millors que puguin donar-te allò que tu no tens".*

Toni Grande no sent pressió pel seu treball, però sí que li causen angoixa les accions externes a les esportives, igual que Torrent, qui no té cap pressió ni angoixa dins del futbol. Encara més rotund es mostra Giráldez en la seva resposta: *"No, en absolut. Cap angoixa, ni pressió".*

Sánchez, per la seva banda, tampoc nota cap tipus de pressió, és més, gaudeix de la incertesa en el dia a dia del futbol professional:

> *"No tinc pressió. Gaudeixo molt. Entenc que en el tema mediàtic no tinc cap pressió com la té el míster. No tinc pressió dels mitjans, no tinc pressió per part dels dirigents del club, no tinc pressió per part dels aficionats...tota aquesta pressió se l'emporta el míster. No tinc cap mena de pressió, i la que podria tenir és la que ens posem nosaltres mateixos, per voler aconseguir els objectius. No és una pressió que em provoqui angoixa, a l'inrevés, és una pressió que m'agrada. Gaudeixo de la pressió del dia a dia, dels resultats, de la preparació dels entrenaments, de la incertesa, etc. De tot això gaudeixo força".*

Pérez ressalta l'entorn tan favorable que viu al club anglès, de comoditat laboral i logística, sense inestabilitat, per això no pateix angoixa ni pressió pel seu treball:

> *"No tinc cap angoixa o pressió per la meva feina. Sí que noto la responsabilitat, la decepció o alegria quan guanyem. Som gent que li dediquem moltes hores al club, deu o dotze hores diàries. Sí que intento no estar molt content ni molt decebut. Treballem en un entorn molt estable, no hi ha la inestabilitat o desprotecció econòmica de clubs febles. Aquest nivell competitiu és de màxim nivell però també de màxima comoditat laboral i logística".*

Per contra, Aspiazu afirma notar la pressió per la classificació i el joc de l'equip, i Diego Ribera, sobretot quan l'equip no aconsegueix l'objectiu el cap de setmana. Aquest últim també atribueix aquesta pressió a la seva joventut i falta d'experiència:

> *"Dins d'aquests dos anys hem passat de tot, moments dolents al principi de temporada de l'any passat en el qual l'equip no acabava d'arrencar, després bons a la Copa del Rei, i molt bons a final de temporada, excel·lents. Però quan les coses no surten bé, sí que sents aquesta pressió que un equip de primera divisió et dóna. El que et produeix més pressió és que treballes tota la setmana perquè surtin bé les coses, perquè el resultat del diumenge sigui positiu i moltes vegades no surten, i aquesta pressió la vius. A sobre, nosaltres som un cos tècnic jove i acabem de començar en això, i vulguis o no tens més pressió perquè no tens aquesta experiència que puguin tenir altres entrenadors".*

Estic segur que si existís una cultura diferent per part dels directius dels clubs en donar més confiança i continuïtat a la feina dels entrenadors, com succeeix a Anglaterra (sobretot abans), el rendiment a curt termini dels equips podria ser més gran, sense la pressió immediata en la qual el president pugui ràpidament prescindir del entrenador i contractar a un altre en les primeres setmanes de competició. Un tècnic sense la pressió de la directiva i amb la confiança del president, se sent amb més força, amb més poder d'execució i capacitat de maniobra amb els seus jugadors. Pel bé de l'equip i del club, necessita la confiança de la directiva per guanyar-se la dels jugadors.

MAJORS SATISFACCIONS

"Encara en el fer bé, el primer és la satisfacció personal, el bé de l'altra persona roman sempre en segon lloc".

MARK TWAIN

Ja s'ha argumentat anteriorment que la gran diferència entre el primer i el segon entrenador està en la responsabilitat. Aquest gran pes de l'esdevenir de l'equip que sempre recau principalment sobre el primer, comporta una sèrie de pros i de contres a diferents nivells segons la personalitat de cadascú. La pressió de l'entrenador és un dels aspectes negatius del càrrec; però per contra, gaudeix de privilegis com el lideratge, l'autonomia, el poder de decisió i el protagonisme.

El segon es manté en un segon pla davant la responsabilitat de les victòries i de les derrotes de l'equip, aquest viu de manera diferent el dia a dia del rendiment del grup. Diguem que la responsabilitat general de l'equip se l'emporta el tècnic principal, mentre que el segon manté una responsabilitat lligada sobretot als jugadors de l'equip i al míster. Les seves motivacions personals van més encaminades cap a les persones amb què treballa que cap al grup com un tot. Això fa que les seves satisfaccions i preocupacions personals puguin ser diferents a les del primer entrenador, tot i que sí que és cert que dependrà sobretot del propi caràcter del segon i del tipus de relació que tingui amb el primer: si és una persona molt arrelada al seu tècnic, relacionarà les seves satisfaccions a ell; si és del tipus de persona que se centra sobretot en si mateix, les seves motivacions estaran dirigides cap a les seves funcions específiques dins del staff; i si és una persona que mira més pels altres que per si mateix, centrarà els seus esforços en els seus jugadors i en el rendiment de l'equip.

Quan se li pregunta a Giráldez sobre la seva major satisfacció laboral com a segon, se centra bàsicament en els jugadors: *"La meva major satisfacció és comprovar l'aprenentatge dels jugadors"*. Per Aspiazu, a més de verificar que el futbol segueix essent la seva passió i treball des de jove, és *"observar l'evolució de l'equip, veure el progrés individual i col·lectiu dels jugadors"*.

D'altra banda, Toni Grande troba la major satisfacció en la seva professió en *"el reconeixement de tots els entrenadors als quals vaig dedicar el meu treball"*, i per Torrent, a més de poder fer el que més li agrada, és ser útil per al seu entrenador. De la mateixa manera, les majors satisfaccions de Ribera no van lligades tan sols a l'equip, sinó al fet que la seva tasca faci rendir millor al míster:

"A nivell de partit, una de les coses que més satisfacció et dóna és quan fas una aportació i dóna resultat, bé sigui per un canvi que li comentes al primer entrenador, i aquest canvi fa que guanyi el partit o que l'equip sumi punts, això és el més important. Després, en el dia a dia, que el míster estigui el més còmode possible per estar totalment centrat al que s'ha de dedicar".

Per la seva banda, Pérez enfoca les seves satisfaccions laborals relacionant-les directament amb el seu càrrec en el futbol anglès, sentint-se molt útil per a ell:

"La satisfacció la trobo en el desenvolupament diari de les meves responsabilitats. En un club com el Tottenham i en una estructura britànica, la meva responsabilitat bàsica és la connexió del mànager amb els diferents departaments de rendiment i de gestió que interactuen amb l'equip i amb el propi mànager. Coordinació metodològica, logística i desenvolupament de continguts en el terreny de joc. Som un equip molt ampli sobretot en el departament de rendiment així com en el d'anàlisi".

A Víctor li satisfà sobretot el guanyar, però a més d'això i pensant en els seus jugadors, veure com es sacrifiquen sense demanar res a canvi, perquè creuen en el que estan fent, convençuts:

"Primer guanyar. Però després quan veig que els jugadors estan convençuts d'això que estan fent. Que se'ls veu contents amb les tasques que fan, que se'ls veu que es sacrifiquen sense demanar res a canvi, es sacrifiquen perquè creuen que és el que han de fer. Això pot ser que sigui el més satisfactori, veure com la gent segueix el què s'ha proposat".

La major satisfacció d'Unzué és aportar al jugador i a l'equip la sensació pròpia que s'ha treballat per ajudar-los, per millorar com a jugadors de futbol professional:

> *"Després de tantes experiències, potser on més ho aconsegueixes és com a primer entrenador. És la sensació d'aportar-li al jugador i a l'equip com a col·lectiu que ells sentin que tu els has millorat, ajudat. Això pot ser una sensació teva o t'ho poden fer arribar. En el fons és un egoisme, però un egoisme moltes vegades altruista perquè ho dones tot, estàs pensant en tu però estàs donant-ho a l'altra part i sent que l'has ajudat. Aquesta és la meva major satisfacció i per la qual segueixo en aquest món, bé de primer o de segon, encara que de segon té menys volum que de primer".*

El pamplonès planteja l'egoisme de l'entrenador, i és un tema que val la pena assenyalar. Apunta que és un *"egoisme altruista"* perquè ho dones tot perquè el jugador millori, però sobretot com t'interessa que millori pel teu propi benefici, perquè el rendiment del equip augmenti. I és cert, és egoista perquè d'ell depèn el rendiment dels seus jugadors. Com més puguis ensenyar-los i fer que estiguin per la tasca d'aprendre i millorar, millor serà el teu equip, més partits podràs guanyar i, per tant, més èxit tindràs en la teva professió d'entrenador.

COMUNICACIÓ AMB ELS JUGADORS

> *"Per poc que es tracti a les gents amb bondat, justícia i equitat, i dipositant en ells la confiança, l'exèrcit tindrà esperit d'equip i tots se sentiran feliços de seguir als seus caps".*
>
> SUN TZU

Cada persona tracta als altres d'una manera diferent, hi ha tantes formes de relació social com formes de ser. Cada ésser humà és únic i irrepetible, per tant cada un actua d'una manera diferent i s`expressa segons la seva forma de ser. Tot i això, es classifiquen als entrenadors depenent del seu estil de comunicació i lideratge destacant uns trets diferenciadors. És en la psicologia de l'esport des d'on es distingeixen quatre estils per la forma de liderar i de relació amb els jugadors: el *democràtic* promou el diàleg i prioritza la participació del grup tenint en compte les seves opinions; l'*autoritari* marca molt les distàncies i pren les seves pròpies decisions sense consultar; el *persuasiu* manté una relació molt propera amb el jugador, gairebé paternalista; i el *permissiu* o *laissez faire* utilitza un lideratge on delega i és poc intervencionista deixant molta autonomia al jugador.

Pel que fa al segon, no s'ha trobat una classificació psicològica ja que no s'ha estudiat profundament aquest paper. A més, el segon no és tan influent sobre el jugador ja que com es ve comentant, les decisions finals i la responsabilitat final és de l'entrenador principal. Així que, a priori, cada segon és diferent, com assenyala Domenec Torrent: *"Això depèn de la manera de ser de cada persona"*, o segons Jesús Pérez: *"Cada entrenador crea el seu segon"*.

Tot i això i amb la dificultat que comporta, m'aventuro a definir dos tipus de segon entrenador: l'*amic íntim*, qui va molt de la mà del primer, enfocant la seva feina a ajudar-lo sobretot a ell, a tenir-lo a prop en els moments difícils sent-li fidel i donant-li els millors consells gràcies a la confiança que ve d'anys enrere. Aquesta és una elecció personal del tècnic, a qui diposita tota la seva confiança i ja sap que li serà lleial, proper i sincer. L'altre tipus és l'*especialista*, qui coneix la matèria d'ajudant a la perfecció per les seves antigues experiències i currículum. Aquest no té perquè ser escollit específicament per l'entrenador, sinó que pot ser recomanat per algú del seu mateix cercle de confiança, encara que el més normal és que ja es coneguin d'experiències anteriors, bé sigui com a jugadors o com a tècnics.

Sí que hi ha una característica comuna a totes les respostes dels segons entrevistats sobre la comunicació amb els jugadors: tots ells creuen que és fonamental o molt important, com apunta Toni Grande. De fet, per Domenec Torrent resulta *"imprescindible per millorar el rendiment personal del jugador i global de la plantilla"*. Jon Aspiazu ho considera un tema *"indubtablement vital per a nosaltres conèixer com són, el que senten, les seves preocupacions, els seus interessos"*, i afegeix a continuació:

> *"Suposa, a més, una tasca més reservada per als integrants del cos tècnic, preparador físic, entrenador de porters, recuperadors, fisios, metges. La nostra relació amb els jugadors és més personal, al final l'entrenador ha de prendre decisions sobre els jugadors i les implicacions personals no poden ser tan estretes que després puguin influir en les decisions esportives".*

Per a Sánchez la comunicació en un treball amb persones és bàsicament imprescindible:

> *"Imprescindible per a qualsevol treball amb persones. Les relacions humanes formen part d'aquest treball, i la comunicació és imprescindible, primer per saber què puc demanar, i després per saber si allò que m'està donant l'esportista s'ajusta al que demana. Crec que és imprescindible en les relacions humanes a tots els nivells, tant en comunicació, com a coneixement, com comprensió, com empatia, com assertivitat...en tot. Imprescindible".*

Alberto Giráldez segueix la mateixa línia d'opinió, considerant a més que s'ha de tenir un coneixement previ de la persona per saber què pot necessitar escoltar:

> *"Prendre temps per conèixer-se amb els seus esportistes, conèixer com són, el que senten, les seves preocupacions i els seus interessos és la base de la comunicació. A més de saber amb qui et comuniques, què necessiten sentir i què són capaços d'incorporar".*

Ribera també considera important conèixer millor els seus jugadors de forma personal, encara que no ho defineix com a determinant per al rendiment:

> "Crec que és important, la informació és poder. Tota la informació que puguis aconseguir de tots els jugadors t'ajudarà a prendre millors decisions. És important però no és determinant, perquè moltes vegades no saps res del jugador i al final aquest rendeix, però no està de més conèixer sobretot la manera de ser de cadascú, els seus problemes, les seves preocupacions, per poder decidir millor i valorar millor el seu rendiment".

Segons Unzué, a més de parlar amb el jugador s'ha d'observar com actua en cada situació per conèixer-lo millor:

> "Sens dubte que la comunicació amb els jugadors ajuda moltíssim, però per desgràcia en el nostre cas el futbol, el que menys acostumen a tenir els tècnics és temps. Llavors has de ser capaç de saber tot el que ha ocorregut al voltant del grup, i no només a nivell futbolístic. Jo crec molt en els estats d'ànim. Per conèixer l'estat d'ànim d'una persona, l'has hagut d'observar, percebre com actua quan guanya, quan perd. És una rutina d'estar sempre observant, percebre coses que amb el temps i amb l'experiència veus que es repeteixen, no només en les persones sinó també en les situacions més o menys semblants".

Pérez va més enllà i planteja la importància de la forma de ser dels seus jugadors, prioritza la pròpia persona i els seus assumptes personals als purament futbolístics:

> "Mauri té un lema i és la primera norma que sempre utilitzem: primer està la persona i després el futbolista. Totes les decisions que prenem ho fem pensant primer que és una persona i després és un jugador. El futbol d'alt nivell t'exigeix i et posa en dificultat per la quantitat d'eleccions que has de fer davant d'un grup ampli, però ha de regir alguns principis com el de competència per a la selecció. Però en la gestió del grup, la persona està per davant del jugador ja que al llarg d'una temporada són moltes les situacions on aquest principi serà requerit per a la resolució de conflictes o situacions individuals".

Aquest és un punt de vista molt interessant ja que li dóna un sentit molt humà al jugador. És evident que aquesta forma d'actuar amb l'esportista és, si se sap portar amb l'òptima mesura, molt positiva per al maneig del grup. L'equip aprecia un tracte molt humà, sobretot davant els mals moments personals de cadascú. Si el tècnic està per ajudar als jugadors a que millorin el seu rendiment esportiu, també ho està per a ajudar-los com a persones quan ho necessitin. No tinc cap dubte que el jugador, tant a curt termini com sobretot a llarg termini, sap valorar els gestos humans dels tècnics, i quan sàpiguen mitjançant fets que aquests es preocupen realment pel seu benestar i felicitat més enllà del merament esportiu, el grup li ho tornarà amb lleialtat, esforç i implicació.

En analitzar el tipus de comunicació que manté un segon amb els jugadors, em ronden pel cap sobretot dues preguntes: Sol ser de manera individual o grupal? L'estil de comunicació amb els jugadors és molt diferent de la que té el primer entrenador?

Sánchez i el staff de l'equip italià no tenen una manera estipulada o planificada de comunicar-se amb els jugadors, de vegades és grupal i d'altres individual:

> *"Depèn. A nivell purament individual, de manera planificada no tant. Tinc una relació molt bona amb els esportistes i puc tenir comunicacions individuals però són els casos més esporàdics. A nivell grupal en els entrenaments, si ho he de comunicar jo o altres assistents, tenim molta comunicació grupal. A nivell individual es pot donar però no tenim una planificació de dir que algú s'encarrega de parlar amb tal jugador, que extreu aquest tipus d'informació. No tenim una planificació de les competències de cadascú en el tema de la comunicació individual o grupal. Tinc comunicació grupal i individual però no perquè estigui estipulat així, sinó perquè sorgeix de manera natural".*

És probable que mai t'hagis parat a pensar en portar un control de la comunicació amb els jugadors. Apuntar que aquest seguiment pot ajudar al tècnic a saber quantes vegades s'ha reunit o parlat personalment amb cada jugador. Amb un simple control de quins jugadors, les vegades, el dia, el tema que es va tractar, el *feedback* que s'obté i la informació personal que aporta; penso que es pot obtenir un valuós document. Es recopilen dades com amb qui es parla més, amb qui fa molt de temps que no se li dedica una atenció personal, amb qui només es comunica per animar-lo en els mals moments, o al contrari, només per felicitar-lo després d'un bon partit, o per recriminar-li. Amb el pas del temps se sap a quins jugadors prestes més atenció i dedicació, bé sigui per simple *feeling* personal o per un tema de rendiment de l'equip.

Sempre he pensat que si de tot l'esforç que es realitza en recopilar i emmagatzemar informació s'aconsegueix extreure una sola conclusió, ja val la pena el temps invertit. És clar que els jugadors es mereixen l'atenció del seu entrenador, que sigui el més equànime possible, encara que ja se sap que això és molt difícil. El full de control de comunicació, sens dubte ajuda en aquest aspecte.

Alhora, Sánchez comenta que són els jugadors els que tenen una manera diferent de comunicar-se amb segons quines persones del cos tècnic, sorgeix de manera natural ja que coneixen les jerarquies:

> *"Crec que és al revés. La comunicació dels jugadors amb mi i la que tenen amb l'entrenador és diferent. No és que la nostra sigui diferent amb ells, sinó que ells si que ho fan diferent. És una cosa completament natural, hi ha coses que un jugador tindrà més ganes de dir-ho al míster abans que a mi, i unes altres que seran a l'inrevés. És normal que el jugador es dirigeixi de manera diferent a mi que sóc un assistent, que al míster, qui encapçala el grup. Saben que les jerarquies són diferents i per això és normal que es dirigeixin de manera diferent a nosaltres".*

Toni Grande destaca per sobre de tot el respecte mutu com a premissa fonamental per tenir una bona comunicació i establir així una relació professional adequada:

> *"Exceptuant uns petits detalls, el tipus de comunicació que utilitzo amb els jugadors és igual que la de Vicente del Bosque. El respecte mutu és fonamental en la comunicació".*

Torrent té amb els seus jugadors *"un tipus de comunicació grupal i individual, tinc reunions amb tot el grup i, quan toca, individuals"*. A més deixa clar que la manera de ser de cadascú defineix el tipus de relació i comunicació que es té amb els jugadors:

> *"Crec que la comunicació que tinc amb els jugadors és diferent a la de Pep Guardiola, però no gaire. Això sempre penso que depèn de si ets molt proper o no".*

Es té la tendència a pensar que un segon entrenador sempre és més proper al jugador que un primer, però com bé assenyala Torrent, depèn de la manera de ser de cada segon. A més, el seu paper ha de quedar ben establert amb el primer entrenador, si es decideix que aquest sigui més proper per ajudar els jugadors d'una forma més personalitzada i obtenir així informació d'ells; o, en cas contrari, s'obté una postura de distanciament de la mateixa manera que amb el primer entrenador. La importància de definir bé els rols és una de les claus del procés de comunicació i obtenció d'informació dels jugadors, així com de consensuar el missatge que es vulgui fer arribar de forma individual.

En aquesta mateixa línia de pensament està Unzué, qui afirma que el més important de la comunicació individual és que la idea que es vulgui transmetre al jugador estigui consensuada prèviament amb el tècnic i vagi sempre en una mateixa línia comuna. En preguntar sobre els tipus de comunicació que utilitza amb els jugadors, assenyala:

"De tot tipus. Partint de la base que sento que la diferència entre el primer entrenador i la resta d'ajudants és molt gran, és gran com a responsabilitat, és gran també com a percepció del jugador cap a l'entrenador i ajudants. Jo ho dic sempre, en el futbol segueixen existint molt clarament les jerarquies, i la jerarquia del primer entrenador es segueix respectant moltíssim. Entenc que aquesta comunicació amb els jugadors ha de ser individual, però sempre des del punt de vista de l'ajudant de l'entrenador ha de ser consensuada; i si de vegades no ha estat consensuada anteriorment perquè has sentit en el moment que havies de fer-ho, has de donar aquesta informació del que has parlat i del que has pogut percebre amb la xerrada individual.

És molt important que encara que el cos tècnic estigui molt unit i tingui una idea molt semblant, al final el futbol són matisos, i més en el nostre club amb tot el tema tàctic. És molt, molt important que el missatge que arribi al jugador sigui el mateix. Aquí cal cuidar molt. Jo que sóc una persona extravertida i que m'agradaria en molts casos transmetre el que sento, de vegades m'he de retenir i he d'esperar i ho he de posar damunt de la taula, parlar-ho entre tots, i a veure cap a on anem, sobretot amb una idea comuna.

Crec que això és bàsic per a un cos tècnic, que la idea que transmetem al jugador sigui la mateixa. Parlo de conceptes personals i de conceptes tàctics, de com vols que funcioni l'equip tant dins del camp com fora".

Unzué planteja la jerarquia de l'entrenador com una de les poques que segueixen existint avui en dia i que es segueixen respectant. És tal el respecte que al jugador li segueix costant de pronunciar-se amb el seu míster, encara que això sempre, sota el meu punt de vista, dependrà de com es mostri d'obert o tancat a la comunicació el mateix míster. Aquell que mostri un distanciament cap als seus jugadors a l'hora de la relació més personal, difícilment podrà esperar que es comuniquin amb ell obertament i amb confiança. És aquest tipus d'entrenador qui òbviament necessita d'un segon que sigui més proper i sàpiga dialogar d'acord amb les seves idees prèviament consensuades.

Opina, a més, que la comunicació que tenen els jugadors amb el primer i el segon sempre és diferent, sobretot del jugador cap al entrenador:

"La comunicació si que és diferent. Des del punt de vista del jugador cap al primer entrenador i segon és diferent. Segur. Perquè ells no em miraran a mi mai amb els mateixos ulls. Una cosa és la relació personal que tu puguis tenir amb uns o amb uns altres, i és una relació en el meu cas molt propera per la meva manera de ser i d'actuar. Però una cosa és això, una relació personal, i una altra cosa és la professional, tot i que una part és personal pel que fa a emocions, a sensacions, i l'altra més tàctica o futbolística.

La comunicació d'ells cap a nosaltres segur, la meva quan explico alguna cosa a algun jugador, si l'hem posat en comú anteriorment amb l'entrenador, això et dóna molta seguretat. Saber que el que vaig a transmetre al jugador, el míster ho pensa també, això em dóna molta seguretat i m'ajuda molt a explicar-la sense cap temor d'equivocar-me perquè la idea és clara i és única. Sota el meu punt de vista cal intentar tenir, en el 99,9% dels casos, una comunicació d'aquesta manera".

Aspiazu utilitza dos mètodes de comunicació, tant grupal com individual, seguint així les pautes de Valverde, molt partidari de les xerrades tècniques individuals i de les de grup:

"Anem variant segons les circumstàncies. De vegades, fas un vídeo per corregir aspectes determinats del joc d'un jugador. De vegades, aquest mateix treball et serveix per treballar

amb la línia defensiva. Anem alternant, depenent de les circumstàncies".

Sobre la proximitat amb els jugadors, pel que fa a una comunicació més directa i sincera, diu ser més efectiva per a un segon entrenador que per al primer:

"La comunicació que tinc amb els jugadors és molt diferent de la que tenen ells amb el primer entrenador, perquè els jugadors es sinceren més amb aquells que, presumptament, no prenen l'última decisió sobre la seva trajectòria esportiva. Podem entrar en qüestions més particulars i aconseguir una complicitat que és més difícil d'aconseguir amb el tècnic principal".

Aspiazu és dels que pensa que un segon pot arribar a tenir un tracte més proper i amb complicitat amb els jugadors, fet que ajuda al cos tècnic a obtenir més informació dels jugadors. Clarament ha de ser així, encara que no hem d'oblidar altres figures del staff que poden ajudar molt en l'aportació d'informació. Estic fent referència a la figura del fisioterapeuta. És tan important tenir-los de part de l'entrenador com pot ser-ho gairebé el segon. La relació que pot arribar a tenir un fisio, donades les hores que es passa amb els jugadors i la proximitat de les seves característiques laborals de contacte directe amb ells, fa que molts jugadors es sincerin o es desfoguin amb ell sobre temes que de cap altra manera podrien arribar al tècnic.

Si com a entrenador ets dels que dóna importància a les relacions personals, si creus que qualsevol informació sobre els teus jugadors és valuosa, si veus rellevant conèixer els seus pensaments i moments d'ànim, si realment penses que un jugador feliç i motivat rendeix més que un que no ho està; el fisioterapeuta és una peça important d'aquest difícil entramat que és la comunicació. I a més, és bàsic que estigui a mort amb el míster, almenys més de la seva part que de part dels jugadors.

Giráldez creu que com a segon entrenador la majoria de vegades el tipus de comunicació amb el jugador és de forma individual, i declara que aquesta comunicació és diferent de la que pugui tenir el primer amb els seus jugadors.

Igual que per Ribera, la distància entre el segon i el jugador ha de ser més curta que amb el primer, i això s'aconsegueix gràcies a una comunicació més individual que dependrà, sobretot, de la forma de ser de cada jugador:

> "Mantinc un tipus de comunicació de forma grupal, però sí que és veritat que intento tenir a nivell individual comunicació amb la majoria de jugadors possibles. Però com que són els jugadors a nivell professional, hi ha gent que és més reticent a tenir relació amb el segon entrenador, i gent més propera. Al final intento ser proper a ells i que no vegin com una distància entre ells i jo, perquè ja hi ha l'entrenador per marcar aquesta distància".

El segon ha de ser aquesta persona més propera al jugador, tot i que lògicament també sigui partícip de prendre les decisions de l'equip:

> "La comunicació entre el segon i el primer amb els seus jugadors sempre és diferent. Al final el primer entrenador és el que pren les decisions, és el cap visible, és el que ha de posar o deixar de posar els jugadors a jugar, i això comporta una relació més distant o separada. El segon entrenador, a la meva manera de veure, és una persona una mica més propera, tot i que també tingui implicació en les decisions".

Pérez no sol tenir una comunicació grupal amb l'equip, tan sols en tasques o moments puntuals de pilota parada; es tracta més de converses amb el jugador i sovint vegades acompanyat de Pochettino, d'aquesta manera la seva relació amb els jugadors és la mateixa que la de l'entrenador:

> "Jo, directament amb el grup parlo molt poc, més enllà d'alguna reunió de rendiment, o a la feina de pilota parada, tinc delegada la responsabilitat del vídeo i anàlisi de les accions davant el grup. Parlo més individualment, sempre amb les consignes establertes per Mauri, tota la informació és filtrada, consensuada, la estratègia de comunicació i el missatge és només un. Són més fructíferes les reunions de dos tècnics i un jugador per l'evidència que el missatge arriba i s'enten. La relació del primer i el segon respecte al grup i el club definirà el grau de confiança en les diferents situacions".

> "La meva comunicació segueix les mateixes estructures de relació que pot tenir el primer entrenador. El nivell de

confiança és diferent quan més llunyà estàs de l'alta direcció".

RELACIÓ PROFESSIONAL AMB LA PREMSA

"Quan vaig a la conferència de premsa abans del partit, al meu entendre, el partit ja ha començat".

JOSÉ MOURINHO

Un segon entrenador no sol tenir relació laboral directa amb els mitjans de comunicació, ja que és un camp que pertany al departament de comunicació del club i al tècnic. Aquest és qui filtra la informació necessària del club cap a l'exterior mitjançant diferents modes de comunicació. Actualment, les rodes de premsa i les plataformes electròniques són indispensables per als clubs de futbol de qualsevol categoria. A més de la pàgina web oficial del club, fan servir diàriament les xarxes socials com ara: *Twitter®, Facebook®, Instagram®*, etc.

L'entrenador està obligat segons les diferents competicions a comparèixer abans i després del partit a les conferències de premsa i respondre a les preguntes dels periodistes. Sens dubte que aquesta part del treball li pertany exclusivament a ell, que és assessorat i aconsellat de ben a prop pel departament de comunicació del club i pels membres del cos tècnic.

El segon entrenador sol mantenir-se distanciat de tot aquest món, almenys de portes enfora. Si bé és cert que trobem exemples com el d'Aitor Karanka, que va realitzar unes noranta rodes de premsa a petició expressa de José Mourinho durant les tres temporades al càrrec del Real Madrid. Per descomptat que poden donar-se altres motius extra laborals com va passar amb Tito Vilanova la temporada 2012/13, qui pels seus problemes de salut, va haver de ser el seu segon, Jordi Roura, qui va exercir aquesta tasca durant els mesos que va estar indisposat.

De fet, tan sols un dels entrevistats, Jesús Pérez, treballa en aquestes tasques però de forma indirecta i molt al marge de sortir en els mitjans de comunicació:

"A Europa i en la lliga anglesa estic sempre al seu costat per assistir si cal, però fora de pla. El que faig és ajudar en la preparació de les seves rodes de premsa, abans de cada entrevista i partit. El club treballa en això però és útil tenir la nostra visió de tots els temes, previ a les intervencions de

> *premsa. És clau interpretar el que està passant i, sobretot, els missatges pre i post partit. Els entrenadors són molt intel·ligents, però també estan sotmesos a gran estrès durant els partits; els tècnics hem d'ajudar-los a trobar la tranquil·litat post partit amb una anàlisi clara del que va passar, i reforçar les seves conviccions després del partit per tal de traslladar un missatge ajustat".*

Toni Grande, per la seva banda, informa que la seva relació amb la premsa és normal, mentre que Jon Aspiazu, que va ser col·laborador esportiu en premsa escrita, ràdio i televisió abans de començar la seva carrera com a segon entrenador professional, ens diu:

> *"Procuro no tenir un contacte directe, encara que alguns dels que segueixen l'actualitat futbolística de l'Athletic també han estat companys universitaris, i he treballat en el camp de la informació".*

D'altra banda, Domenec Torrent no té cap tipus de relació amb la premsa, igual que Giráldez: *"Pràcticament inexistent en aquest càrrec"*. També Diego Ribera deixa clar que aquesta tasca és per al míster:

> *"Amb la premsa tinc poca relació, no crec que el segon entrenador ni el preparador físic hagin de sortir molt en premsa perquè això és competència del primer entrenador. Al final és ell la persona més important del staff tècnic".*

Per a Unzué, actualment i com va acordar amb Luis Enrique, no entra dins les seves funcions tractar amb periodistes, l'únic cap visible del cos tècnic de cara a la premsa és el primer entrenador:

> *"Depèn sempre del que vulgui el primer entrenador i cal respectar sobretot les normes que es dictaminin. He tingut entrenadors que en el paper d'entrenador de porters en cap moment han tingut problemes per parlar amb la premsa. Amb Luis vam acordar que ell seria el responsable de parlar amb la premsa; jo no puc ni he de parlar amb premsa".*

Víctor, que ha viscut les diferents premses dels països on ha treball amb Paulo Sousa, apunta que a Itàlia el futbol és més mediàtic fins i tot que a Espanya, però tot i això ell no sent que la premsa busqui treure informació en els ajudants:

> *"Depèn del país. Ens hem trobat amb tres premses molt diferents, a Tel Aviv, a Basilea i aquí. Aquí a Itàlia el futbol és*

molt mediàtic, fins i tot et diria que més que en Espanya. Perquè et facis una idea, només a Florència hi ha dues ràdios que parlen 24 hores de la Fiorentina, a més dels diaris. Aquí la premsa intenta arribar molt més al fons de tot, però no hi ha hagut un intent d'apropar-se en excés a les parts del staff que no sigui el míster. Al míster, com és normal, sí que li intenten extraure molta informació, i ell ho porta més que bé. Nosaltres tenim una relació cordial amb els periodistes que coneixem, però res més enllà d'una relació difícil de portar".

SESSIONS D'ENTRENAMENT

"Les ganes de guanyar són importants, però les ganes de preparar-se són vitals".

JOE PATERNO

Segons el perfil de l'entrenador principal i del staff que disposi, la planificació, preparació, posada a punt i realització de les sessions d'entrenament poden variar molt de protagonistes. Hi ha tècnics que prefereixen mantenir-se molt al marge de la seva planificació i realització, intervenint tan sols en aquells aspectes tàctics específics del joc propi o del rival, mentre que hi ha d'altres que són més participatius i intervencionistes. Lògicament, com més ampli és el cos tècnic menys tasques ha de realitzar l'entrenador en les sessions, més delega en les seves persones de confiança perquè portin el treball de camp. Aquest és el model actual a causa dels grans staffs que tenen els primers equips de futbol professional d'avui.

Per conèixer el que fa cada segon dins del seu cos tècnic en els dies d'entrenament els hi pregunto les funcions i responsabilitats, tot trobant una responsabilitat comuna en tots els segons entrenadors: les accions a pilota parada (d'ara en endavant ABP), a la qual cosa es dedica més endavant un capítol. En general tots tenen una funció en comú: ajudar al míster a treure el màxim rendiment a l'equip, però si es mira des d'un punt de vista més particular de cadascú es troben diferències significatives atès que, com molt bé apunta Jesús Pérez: *"Cada primer entrenador crea el seu propi segon"*.

Les funcions d'Aspiazu vénen directament proposades per Valverde i sempre per ajudar, restant-li treball:

> *"La funció principal que exercim els integrants del staff tècnic és alleugerir la càrrega de treball i de responsabilitats del primer entrenador perquè aquest pugui prendre les millors decisions. Les parcel·les d'entrenament i rendiment que abasta la meva feina són les que determini l'entrenador. La meva tasca és més d'anàlisi del que passa que de participació directa en l'entrenament. Puc organitzar una sessió individual de vídeo amb determinats jugadors o*

assumir l'entrenament mentre l'entrenador manté una xerrada individual amb algun jugador".

Domenec Torrent declara de manera similar la seva funció principal dins el staff de Guardiola:

"La meva funció és sobretot ajudar al primer entrenador amb tot el que ell em pugui necessitar: tàctic, percepció del equip, etc. Dins de les sessions d'entrenament del Bayern treballo les evolucions tàctiques, a més de les accions a pilota parada ofensives i defensives".

Unzué és el responsable de les ABP, tant és així que se sent com un primer entrenador en aquest aspecte:

"Ara mateix, en l'equip tot el que és la pilota parada, ofensives i defensives són de la meva responsabilitat. Des de veure-les, analitzar-les, prendre la decisió sobre què vaig a ensenyar i què vaig a executar. En aquest sentit, sí que Luis em dóna la responsabilitat. Sento una responsabilitat total en aquesta parcel·la, com si fos un primer entrenador en aquest aspecte. D'una banda és una decisió intel·ligent perquè un entrenador d'un equip gran li porta molt de temps i li treu molta energia moltes coses del voltant de l'equip, i que no solen ser les de camp, i solen ser les que menys ens agraden. Sap que és part del seu treball, però el que li agrada és aquesta part d'aquí (assenyalant el camp de entrenament de la ciutat esportiva del FC Barcelona). El que fa és delegar responsabilitats, i evidentment, jo he d'assumir-les. Al final el que s'emporta les garrotades per una banda o per una altra és ell. En considerar que ha de delegar, fa que el cos tècnic estigui molt involucrat.

Després, evidentment, la posada en escena en el pla tàctic, com a maneig del grup de manera personal. El primer any aquí a Barcelona amb Luis, com que jo ja coneixia a molts dels jugadors, era un punt al meu favor. Per a mi va ser molt més senzill i em va ajudar segur. Tot va ser molt més ràpid per a mi, i crec que el fet que un del cos tècnic tingués aquesta experiència va fer que per a la resta també fos més ràpid. Em sento molt participatiu, en Luis pren les seves decisions però posa també moltes coses en comú".

S'entreté assenyalant que al FC Barcelona s'entrena durant la setmana el més semblant possible al que es trobaran en competició, intenten simular unes situacions que creuen que es donaran en el partit:

> *"Nosaltres som un equip que entrena com juga. L'altre dia, per exemple, deia Samuel Umtiti en una entrevista, que en vint dies que és aquí ja havia percebut això. Al final, el que fas en un entrenament és el que creus; no et puc dir que entrenem tot el que pensem que succeirà, perquè no pots entrenar-ho tot. Intentem adreçar el que és diferent, per a contrarestar la idea del rival, aprofites l'entrenament per dur a terme una sèrie de situacions que creus que es donaran en el partit".*

Toni Grande, per la seva banda, prepara amb Vicente del Bosque les jornades d'entrenament de la Selecció Espanyola així com el disseny de les tasques al camp.

Pérez descriu el seu treball destacant que gràcies a tot el grup de persones que envolta el cos tècnic poden arribar a la individualització per a optimitzar el rendiment del jugador:

> *"L'organització metodològica de l'equip. L'aprovació de Maurici és el primer nivell de concreció i d'aquí, les unitats d'entrenament i els continguts de les diferents àrees de desenvolupament. La distribució de continguts, càrregues i estructuració de les sessions són després de tants anys junts una constant d'equip. Tenim, com a suport, sis preparadors físics així que podem desenvolupar una aproximació molt detallada sobre els jugadors. Un equip amb tanta densitat competitiva demana una individualització molt gran si vols optimitzar el rendiment del jugador, sobretot en l'aprofitament dels minuts d'entrenament externs als continguts col·lectius de desenvolupament o manteniment dels principis de joc.*
>
> *La gestió del grup de treball i l'anàlisi post entrenament i partit, està seccionat en imatges, estadística i els marcadors de rendiment que utilitzem per a la valoració col·lectiva i individual. Des del control hormonal fins a la càrrega externa, passant per l'anàlisi visual, és filtrat després de gestionar un gran grup de col·laboradors, sense ells seria impossible arribar al detall del que tenim capacitat. Les*

accions de pilota parada són responsabilitat directa meva, que juntament amb la col·laboració dels analistes em permet, amb molt de detall, conèixer el rival i preparar cada partit amb diferent aproximació".

Molt interessant és conèixer per la seva banda com s'organitza el treball en un club anglès, basat en la figura del mànager i en les funcions i responsabilitats del seu assistent:

"La responsabilitat de connectar el club amb Maurici i en direcció inversa. Els clubs britànics tenen una organització molt gran i amb molts recursos a la teva disposició. El paper del mànager i el seu assistent estan molt respectats pel que la capacitat de decisió és molt elevada en tot el relacionat amb l'equip, però la dimensió dels mateixos fa que hagis d'estar participant de tot per poder organitzar el descans dels jugadors. Comunicació, màrqueting, logística, viatges, servei mèdic, analistes, i la resta del cos tècnic, així com esdeveniments del mànager, són tasques o connexions diàries que necessiten de l'aprovació del manager que delega en la meva figura la gestió de tota aquesta coordinació".

Víctor Sánchez i el cos tècnic treballen d'una manera molt integradora i interdisciplinar, sense ell tenir una funció o responsabilitat durant la setmana per sobre d'altres. Tots els integrants treballen d'una manera conjunta per elaborar la setmana:

"No et podria dir una responsabilitat per sobre de les altres. Nosaltres tenim un staff molt global i no el tenim dividit per parcel·les, és a dir, no tenim una àrea condicional o una àrea tàctica. Llavors juntament amb la resta del staff i el míster desenvolupem les sessions, les portem a terme, les expliquem als jugadors i, conjuntament amb la resta anem corregint els exercicis. Evidentment hi ha coses més estratègiques que hem decidit amb l'analista i amb mi, i evidentment qui acaba donant les últimes directrius és el míster, però una mica el dia a dia el portem entre tots. La planificació de la setmana, tots la fem conjuntament, ens asseiem a principi de setmana, planifiquem la setmana, veiem on volem anar i si després si hi ha modificacions, les fem entre tots".

Una altra manera diferent d'organitzar el treball del cos tècnic s'aprecia en les paraules de Ribera sobre la seva feina setmanal:

"El tema condicional el portava el preparador físic, en les tasques ens dividíem. Els dimecres per exemple, que era el dia que realitzàvem tasques més curtes, jo portava una part i l'altra part l'entrenador, i el dijous, que és més un entrenament d'espais amplis, el portava més l'entrenador, estant jo de suport observant el rendiment. Després de l'entrenament és quan valoràvem si s'havien complert les expectatives que teníem al principi. La pilota parada no la portava jo exclusivament en l'entrenament, de vegades m'encarregava de donar-li forma, d'analitzar i observar, de muntar les jugades i d'escollir els jugadors que hi participaven, i altres vegades era el míster perquè a ell li agrada estar present en les jugades a pilota parada, perquè li dóna importància".

Alberto Giráldez al Watford FC 2015/16 té les següents funcions en el treball diari:

- Dirigir treballs específics
- Demanar informació sobre treballs individuals
- Observar el desenvolupament de la preparació física de l'equip
- Dirigir entrenaments dels jugadors no convocats
- Proposar variacions a les tasques realitzades
- Aportar observacions sobre el treball realitzat
- Dirigir tasques grupals
- Corregir conductes dels jugadors al realitzar les tasques
- Preparar amb antelació els canvis d'activitat
- Ajudar al primer entrenador a dirigir les tasques
- Aportar durant l'entrenament variacions respecte al temps, distàncies i activitats

A més, aporta un llistat de tot allò que fa dia a dia des que arriba al club fins just abans d'iniciar la sessió d'entrenament:

- Arribo al club dues hores abans de l'inici de l'entrenament
- Demano informació amb el cos mèdic sobre l'estat de salut de tots els jugadors
- Comprovo el nombre de jugadors que participen en la sessió
- Aviso a jugadors d'altres equips perquè participin en la sessió, si cal

- Informo a l'entrenador de porters de la participació dels porters en la sessió
- Ajusto l'entrenament a la possible variació en el nombre de jugadors participants
- Repasso l'objectiu tècnic/tàctic de les tasques
- Aporto noves tasques
- Recullo informació sobre les activitats que realitzen els jugadors que no participen
- Represento gràficament la sessió
- Intercanvio informació amb els responsables del manteniment dels camps
- Decideixo la ubicació en els camps de les diferents tasques
- Distribueixo el material per a l'entrenament
- Confirmo amb el cos tècnic la idoneïtat de la distribució del material
- Planifico la distribució dels entrenaments de la setmana
- Programo l'ús de camps d'entrenament
- Reviso el temps que farà els pròxims dies
- Assisteixo a reunions respecte a l'organització de l'equip
- Conec les convocatòries de seleccions nacionals
- Col·loco el material

La llista de Giráldez és molt interessant perquè relata amb detall les seves funcions els dies d'entrenament, i gràcies a ella ens fem una idea de totes les tasques que un segon pot estalviar al seu tècnic. Atenent a la seva llista i a les aportacions de la resta d'entrevistats, s'aprecia amb claredat que el treball d'un segon entrenador queda molt obert. Inclou tot tipus de tasques en el terreny de joc durant les sessions d'entrenament, organització de l'equip en les ABP ofensives i defensives, organització i horaris de desplaçaments, planificació de continguts i objectius d'entrenament, anàlisi i desenvolupaments tàctics propis i dels rivals, coordinació amb l'equip filial i futbol base, recopilació i documentació de qualsevol classe d'informació, treballs específics de jugadors i sessions de vídeo.

Tota aquesta llista de possibilitats en el seu treball com a segon durant la setmana ha d'estar preestablert i ben coordinat amb l'entrenador principal, així com amb la resta d'integrants del staff.

PARTITS

"Els primers noranta minuts d'un partit de futbol són els més importants".

BOBBY ROBSON

Ja sabem que el partit és el moment més important de la setmana. Tots el volen jugar, tots el volen guanyar. A causa de la seva rellevància, els partits es preparen amb cura, determinació i molta dedicació per part de les diferents persones que componen el cos tècnic. S'estudia el rival dies abans, es prepara en les sessions d'entrenament, s'organitza la xerrada prèvia del partit, etc. Un cop començat el partit, són nombrosos els integrants del staff que intervenen de manera més o menys directa: primer i segon entrenador, preparador físic, preparador de porters, metge, fisioterapeuta, analistes i delegat. I quan el partit ja ha finalitzat, es segueix treballant entorn a ell: els analistes desgranen el partit en jugades, els tècnics ho repassen i tots conjuntament extreuen unes conclusions.

Atès que aquests es preparen, es juguen i s'analitzen a posteriori, s`ha preguntat als segons entrenadors les seves funcions i responsabilitats tot dividint el partit en tres fases:

- Pre partit
- Durant el partit
- Post partit

PRE PARTIT

El pre partit és tot aquell treball que desenvolupa el cos tècnic per preparar l'encontre en qüestió; des de l'anàlisi de l'equip rival: com ataca, com defensa, els seus punts forts, els seus punts febles, jugadors més destacats, possibles baixes, etc., fins a la preparació del propi equip. És una feina que no es realitza en un sol dia ni en una sola sessió d'entrenament. Preparar un partit, si es disposa del temps necessari per això, pot durar diversos dies, des que s'inicien les gravacions i l'anàlisi del rival, fins que es decideix la manera de com afrontar l'encontre, la convocatòria i l'onze inicial. D'aquesta manera, quan parlo de pre partit no faig referència a les hores prèvies ni a l'escalfament del mateix, sinó a tot el procés que comporta a un cos tècnic organitzat i liderat per l'entrenador per poder aconseguir l'objectiu final: guanyar. I si és possible, guanyar-lo segons el que s'estableix, com se sol dir, jugant bé.

Coincideixen els vuit segons entrenadors entrevistats, a més d'altres aspectes, que la seva responsabilitat més important va destinada a les ABP ofensives i defensives. Toni Grande a més estableix els horaris i els viatges de la Selecció Espanyola de Futbol; Jon Aspiazu, assenyala que *"complemento la tasca de l'analista dels partits, debato permanentment amb l'entrenador sobre el joc rival i el mateix"*. Torrent prepara tot el relacionat amb les ABP ofensives i defensives de l'equip, igual que Pérez, qui a més d'estar present en l'escalfament de l'equip, és qui realitza la reunió prèvia amb l'àrbitre i l'equip rival (a la Premier League es realitza una reunió abans del partit d'uns pocs minuts entre els tècnics o segons i capitans de cada equip amb els àrbitres per intercanviar-se les alineacions manualment).

Diego prepara part de les ABP del RCD Espanyol, sobretot en els marcatges, i a més apunta que *"insisteixo molt amb els jugadors de forma individualitzada abans de l'escalfament en aquelles coses que hem treballat durant la setmana"*.

A la Fiorentina, Víctor i la resta del staff preparen durant tota la setmana l'estratègia de partit, i l'últim dia s'ajunten de nou per valorar les posicions en les ABP del partit:

> *"Nosaltres el que fem, un cop ja hem parlat tota la setmana del rival i hem fet l'estratègia del partit, és debatre sobre què és el que volem del partit, de quina manera volem actuar, amb o sense pilota, en una part del camp o en una altra...tot això es fa durant la setmana. El dia abans del partit o el mateix dia segons juguem, ens reunim i veiem les accions a pilota parada, he introduït jo els noms, perquè algú ho ha de fer, i reunits fem alguns canvis. Per exemple, l'entrenador de porters prefereix un jugador en una altra posició, o el míster prefereix un altre jugador enllà; fem els canvis. Acabem de decidir tots on va cada jugador, no és una responsabilitat purament meva".*

Unzué, com a responsable de les ABP, realitza en l'entrenament el treball, però quan no té temps el realitza mitjançant el vídeo, com si fos una sessió més:

> *"En el meu cas tinc la responsabilitat de la pilota parada, i després el que fem durant la setmana. És difícil d'entrenar perquè tens pocs entrenaments, moltes vegades fins a la pròpia sessió de vídeo has d'entendre-la com una sessió d'entrenament, i el jugador és capaç d'adaptar-se a tot. Per la meva pròpia experiència, no només en jugades a pilota parada, sinó també en el propi joc, són capaços de captar la idea. Han de ser matisos molt clars. Són capaços de sense treballar-lo, portar-lo a terme. Sí que és cert que, evidentment, si pots treballar i disposes de més temps, molt millor. Si després de veure les imatges de vídeo, pots portar-lo en deu o quinze minuts en la sessió d'entrenament, doncs molt millor. Moltes vegades, això és el que et fa definir si ho tires endavant o no, si hi ha hagut algun dubte, poder treure-les".*

Alberto Giráldez fa de nou un llistat de tot el seu treball previ per preparar un partit:

- Demanar informació sobre el rival: Fundació, història, trajectòria de les últimes temporades, afició i dades de tot tipus
- Demanar informació sobre l'entrenador de l'equip contrari: model de joc, sistemes tàctics més utilitzats i variacions més habituals
- Visionar partits de l'oponent
- Llegir l'informe escrit del rival
- Intercanviar dades sobre el model de joc del rival
- Demanar informació d'última hora sobre l'oponent
- Preparació de l'ABP
- Aportar missatges per a la roda de premsa prèvia
- Conèixer la programació de viatges
- Distribuir la programació de viatges i concentracions entre els diferents estaments
- Demanar informació quan juguem a fora sobre la distància entre l'hotel i el camp
- Buscar dades sobre l'estadi rival
- Portar el material necessari relacionat amb l'ABP
- Informar de la seva participació o no als jugadors convocats

- Observar l'escalfament

DURANT EL PARTIT

La segona fase d'un partit és el propi temps de joc, els noranta minuts en el terreny a més del temps de descans entre les dues parts; el desenvolupament i tot el que això comporta en cada un dels partits de competició. En aquest temps, i liderat per les decisions finals del primer entrenador, l'equip ha de ser capaç de vèncer el seu rival. El tècnic, aconsellat pel seu segon sobretot, ha de prendre les decisions correctes per portar el seu equip cap a la victòria mitjançant les variacions tàctiques i estratègiques, així com les substitucions de jugadors. Ha d'adaptar-se constantment en funció dels múltiples factors de rendiment com el resultat, l'estat anímic i físic de l'equip i del rival, l'estat del terreny de joc, de la climatologia, etc. És en aquests noranta minuts quan l'equip i el seu líder des de la banqueta es juguen el seu futur setmana rere setmana.

Tots els segons valoren com a positiu les aportacions que realitzen als seus primers entrenadors, senten que són escoltats, encara que apunten que la decisió final sempre és d'ell i li donen suport sigui el que sigui. Una de les diferències trobades és que no tots els segons s'asseuen al banc al costat del seu tècnic, ja que Aspiazu a l'Athletic Club veu la primera part del partit des de la grada:

> *"La primera part del partit la segueixo des de la llotja. Des d'allà tinc una visió més panoràmica i desapassionada del que passa en el rectangle de joc. Quan arriba el descans baixo al vestidor i transmeto a l'entrenador la meva visió del que he observat. Contrastem les nostres opinions i passem a la xerrada grupal".*

Aquest fet argumentaria per què Aspiazu sent que Valverde valora molt positivament les seves aportacions:

> *"Percebo que el meu punt de vista és escoltat i valorat positivament durant el partit, tenint en compte el grau d'excitació que es produeix durant el partit. Però, com he apuntat anteriorment, assumeixo les decisions de l'entrenador com si fossin pròpies encara que no estigui d'acord amb elles".*

Toni Grande està disposat a tot allò que pugui ajudar a Vicente del Bosque en el desenvolupament del partit, qui sent que és escoltat i valora positivament les seves aportacions des de la banqueta. Torrent, de la mateixa manera, intenta *"visualitzar tàcticament les millores que podem fer si fa falta"* i, per la seva forma de ser i d'entendre la seva funció, es comporta el més tranquil possible, sense buscar protagonismes, a la banqueta del FC Bayern:

> *"Cada segon entrenador viu la seva feina de manera diferent. Per la meva manera de ser, crec que estar tranquil i preparat per quan l'entrenador et necessiti, sense voler protagonisme, per a mi és la millor manera de poder ajudar-lo. Ara he pogut comprovar que davant de 80.000 o 50.000 persones, aixecar-te de la banqueta i donar instruccions si aquest jugador no està molt proper, no serveix de res, ja saps que el missatge no arriba".*

Diego Ribera argumenta la seva feina a la banqueta, basada sobretot a apuntar notes i ajudar en millorar l'equip mitjançant els canvis:

> *"El que feia és apuntar les coses que jo vaig veient, tant bones com dolentes; si ell em diu d'apuntar alguna cosa, l'apunto per després en el descans transmetre-la als jugadors. Ja en la segona part fèiem igual, però m'encarregava més d'ajudar-lo en els possibles canvis, mirar totes les opcions que tenim a la banqueta per poder millorar l'equip en aquesta segona part".*

Així mateix percep que és ben valorat pel Sergio, qui de vegades li fa cas i de vegades no, qui pren les decisions finals:

> *"Sento que valora el que jo li dic, però potser en aquest moment ell pensa una altra cosa diferent i al final és ell el que decideix. Jo intento donar-li el meu punt de vista i que al final ell decideixi. Algunes vegades m'ha fet cas i hem encertat, i algunes altres m'ha fet cas i no hem encertat. Es tracta d'encertar, que al final és el més difícil".*

Pérez dóna una resposta molt lligada a la de Ribera sobre les seves competències des de la banqueta, i a més pronuncia el quart àrbitre anglès:

> *"Intento donar assistència a tot el que passa al camp, responsabilitat en els canvis a l'hora de donar les consignes, sobretot en la pilota parada i alguna de joc; i la relació amb els àrbitres. A l'espai del partit no hi ha per gaire més. A*

> *Anglaterra, si t'hi fixes gairebé no expulsen els entrenadors, hi ha un paper des de la banqueta que és la interacció amb el quart àrbitre, i això cal treballar-ho també".*

Intenta no parlar gaire amb Pochettino durant el partit, tracta d'estar el més tranquil possible:

> *"Crec que Mauricio m'escolta i valora el que li dic durant el partit, però intento no parlar massa; quan em pregunta intento donar la meva opinió. Si algun dels altres membres de la banqueta em fa algun comentari, ho processo i si ho considero li dic, però jo intento no parlar massa. Estar el més tranquil possible, no vull protagonisme a la banda, no m'aixeco de la banqueta".*

Unzué des de la banqueta intenta posar en comú les opinions amb Luis Enrique a més de filtrar la informació que li va passant Robert des de la grada:

> *"Posar en comú i refermar decisions i opinions del moment. Quan he estat entrenador, ha estat la part que més m'ha costat, per un simple fet molt clar, i és que la banqueta és el pitjor lloc per veure el futbol. No tens perspectiva i no veus els espais. Si no veus els espais és complicat. Partint de la base que aquest espai de temps és difícil. Nosaltres tenim el suport de Robert, que si que té la perspectiva, i en un moment donat veig quan li puc passar la informació que em dóna Robert. Si veig que és molta, o que no és tan important, m'espero al descans. He de definir en quin moment, o com filtro alguna cosa, o no filtro.*
>
> *També, en algun moment que jo no ho he vist del tot clar o de la mateixa manera que ho veu l'entrenador, he de reafirmar-lo en les seves decisions, perquè en aquest moment l'important és que Luis transmeti, i aquest convenciment l'acaba captant el jugador. Fins i tot en el moment del partit, si vas a fer un canvi o no. Aquestes decisions són difícils de prendre perquè tot passa molt ràpid i tot és molt canviant en el propi partit".*

Percep que l'escolta, i argumenta que fins i tot quan aquest no porta a terme la idea que li ha proposat durant el partit, això també ajuda al tècnic:

> "Si que percebo que m'escolta, amb aquesta confiança mútua. El que he sentit molt de Luis, que no difereix gaire del que he sentit dels anteriors entrenadors, és la sensació de sentir-te escoltat. La teva opinió la portarà a terme o no, però sí que l'escolta. Moltes vegades l'ésser humà estem pendents de veure si fa el que jo li he dit, però tu pots ser important de dues formes: una per a reafirmar-li que la teva decisió coincideixi amb la de l'entrenador, però de vegades també, no ens adonem que és important també donar-li la teva opinió i que no la porti a terme, però que en el fons l'ha ajudat a reafirmar-se en la seva decisió. Podem ser importants donant una opinió a l'entrenador i que es faci això, o també quan no es fa. No perdre de vista que encara que no es faci això, també has ajudat".

Víctor comparteix amb Sousa tot allò que creu sobre el partit i que pugui ajudar l'equip a millorar:

> "Ajudo en tot allò que veig que puc ajudar. Si veig que hi ha un tema estratègic de partit li comento, si veig que som vulnerables per un algun costat li comento, si veig que estem sent més forts que el rival li comento, si l'altre assistent també veu alguna cosa, li comentem. Qualsevol cosa, ja sigui del rival o nostre, d'algun jugador nostre o del rival, d'alguna cosa que percebi i que pot passar. Qualsevol cosa que vegi que pot ajudar a l'equip, li comento".

Sent que és escoltat positivament pel seu entrenador i entén que a causa de la tensió que té durant el partit, no ha d'estar constantment dient-li coses, principal raó per seleccionar molt bé la informació que li vagi a donar:

> "Sí. Entenc que la tensió que té el míster en el partit no és la mateixa que la meva, pel que intento ser molt precís. No li comunico quinze coses per partit perquè ell té una capacitat brutal de veure el que passa en el joc, però si veig alguna cosa que pot canviar bastant la dinàmica, és el moment que decideixo dir-li qualsevol cosa. Sí, en el moment que li comuniquem alguna cosa durant el partit, sempre sento que

reflexiona el que li dic, a vegades reacciona ràpidament en això que li hem comentat, o de vegades té un punt de vista una mica diferent i això no es canvia. Però si que em sento molt escoltat en això".

Giráldez torna a donar una llista amb tot allò que fa per ajudar a Quique Sánchez Flores durant el partit:

- Observació del sistema de joc utilitzat pel rival, confirmació o no del previst
- Intercanviar informació segons l'observació del desenvolupament del joc
- Proposar variacions tàctiques davant el que succeeix
- Atendre a la situació i als moviments de la línia allunyada del joc
- Atendre durant el partit a les intervencions de jugadors propis i rivals en l'ABP
- Informar els jugadors de variacions de l'ABP davant canvis
- Observar i anticipar informació en els possibles canvis de jugadors del rival
- Apuntar les indicacions per donar als jugadors en el descans
- Reflexionar al descans sobre el que ha passat i consensuar el missatge cap els jugadors

S'aprecia les diferències que hi ha a la feina dels segons durant els partits. Cada cos tècnic té la seva forma de preparar i d'actuar en la competició, els matisos de cada entrenador amb els seus col·laboradors són la clau del funcionament de cada staff, a més de la manera de ser de cada persona. Les reaccions dins de les banquetes tenen molt a veure amb la forma personal de ser de cadascú, així com el tipus de relació que tingui amb el seu entrenador. Hi ha segons que s'aixequen i intercanvien les posicions amb el tècnic (ja que només un pot estar dret reglamentàriament en l'àrea tècnica de les banquetes), altres prefereixen mantenir-se al marge, asseguts pràcticament durant la totalitat del partit, i també n'hi ha que són a la grada per demanar informació sobre el partit des d'un punt de vista elevat i privilegiat per a això.

L'organització del staff en els partits és molt canviant segons l'estil de cada tècnic, però a més s'aprecien tendències o modes que es van modificant amb el pas del temps. Quan gravava els partits des de la grada del Getafe CF per la meva tesi doctoral la temporada 2008/09, recordo coincidir gravant amb integrants de diferents equips: Athletic Club de Joaquín Caparrós, Valencia CF d'Unai Emery i FC Barcelona de Pep

Guardiola. Avui dia, passades vuit temporades, la gran majoria d'equips tenen una persona del cos tècnic que grava tots els propis partits de l'equip. Una altra tendència actual, arran sobre tot de la norma que permet estar sol a un tècnic de peu a la zona tècnica, és l'intercanvi de posicions entre primer i segon entrenador, sobretot en les ABP.

Encara que no ho sembli o simplement no ens n'adonem, de la mateixa manera que passa amb les teories de l'entrenament, els escalfaments, els sistemes de joc, els estils de joc, etc., les tendències van canviant, es van modificant. Les formes d'actuació dels tècnics i els seus staffs no estan per res fora de tot aquest procés intern del futbol, fins i tot les vestimentes dels entrenadors semblen patir canvis i modes.

POST PARTIT

La tercera fase és el post partit, és l'anàlisi que es realitza a posteriori, un cop el partit ha conclòs i ja no hi ha marxa enrere. El resultat és el que és i, a excepció de recursos disciplinaris, no canviarà. Toca fer reflexió del que ha ocorregut, per al bo i per al dolent. El vídeo resultarà indispensable per això, per tenir un punt de vista més objectiu, el que veuen i graven les càmeres és el que realment ha passat. Un, quan viu des de la banqueta un partit en directe, pot tenir sensacions totalment contraposades a quan ho veu després en vídeo. Això vol dir que la realitat percebuda des de la banqueta, moltes vegades no és tan real com ens pensem. Per a això l'experiència de l'entrenador és clau, així com la serenitat, i com no, els coneixements adequats per solucionar en pocs segons els problemes que vagin sorgint durant el partit. Al vídeo tot transcorre amb calma, hi ha temps suficient per analitzar tantes vegades com es cregui necessari la jugada, per a debatre amb els companys del staff, i fins i tot per mostrar-la als jugadors. El post partit, en conclusió, serveix per a millorar com a equip i com a tècnics.

Els vuit segons entrenadors fan una anàlisi del partit mitjançant el visionat del vídeo. Alguns ho fan conjuntament amb el primer, i altres no. Toni Grande declara fer-ho a vegades amb Vicente del Bosque, i de vegades sol, de la mateixa manera que Aspiazu, qui indica que:

> "L'analista ens prepara tot just acabar l'encontre un post sobre el partit. Algunes vegades tot just acabar el partit, debatim sobre les decisions preses durant el xoc. Normalment, el dia posterior al partit, després de visionar el partit".

També Giráldez mira el post partit just finalitzat l'encontre amb Quique Sánchez Flores i els altres components del cos tècnic. A més, el torna a veure, aquest cop sol, per preparar l'anàlisi del primer entrenament en el qual participen tots els jugadors de la plantilla. Giráldez aporta a més, després del partit, una sèrie de reflexions per a la intervenció del primer entrenador davant de la premsa i intercanvia informació sobre els fets amb els diferents membres del staff, a més de repassar el control de les estadístiques a favor i en contra de les rematades i l'efectivitat sobre les ABP.

En canvi, Torrent realitza el post partit per separat i després s'ajunta amb Pep Guardiola per compartir-lo, igual que Jesús Pérez, qui afirma que:

"Miro només el post partit a casa per a preparar la primera reunió que tindré amb el cos tècnic, o per quan Mauricio requereixi qualsevol informe d'aquest. Altres membres del cos tècnic també ho fan".

De la mateixa manera, Ribera assenyala que *"el post partit el mirem sols, per separat. Fins i tot si Sergio m'ho demana, li faig talls de les coses bones o dolentes que s'han fet en el partit".*

Víctor analitza el partit diverses vegades: primer tot xerrant just després del partit, després veient el vídeo del partit a casa, i una última tot el cos tècnic junts per extreure unes conclusions que ajudaran a modificar, o no, la planificació de la setmana:

"Després del partit tots els membres del staff fem una anàlisi del partit sense haver-lo vist, i després al dia següent fem una anàlisi del partit havent-lo vist cada un a casa. De vegades les sensacions són diferents perquè l'adrenalina del partit et fa veure unes coses mentre que després realment n'han passat d'altres. L'analista, amb tots els talls que ha fet del partit, ens dóna el seu punt de vista des del vídeo. L'anàlisi el fem sempre junts, i el míster ens pregunta què hem vist i ho comentem. D'aquesta manera el míster dóna el seu punt de vista i el que hi ha planificat per a aquesta setmana si cal introduir certs aspectes que ha vist que s'han de millorar".

Unzué assenyala que és interessant fer una posada en comú dels diferents integrants del cos tècnic per xerrar sobre el partit, perquè cada un veu el seu partit:

> *"Sí que faig una anàlisi del post partit, primer el fem individualment i després ens ajuntem. Cadascú veu en directe el seu partit, a cadascú li crida l'atenció diferents aspectes, i el que no ha vist un, ho veu l'altre. És per això que és interessant posar en comú el partit. I a nivell personal, amb les accions a pilota parada, analitzem des del servei d'inici fins a l'últim servei de banda; què és el que ha passat, què és en el que es pot millorar".*

Al final, la realització del post partit per part dels entrenadors és com l'avaluació d'un professor als seus alumnes mitjançant la correcció de l'examen. Perquè sens dubte, l'examen de cada jugador (i de cada tècnic) és el partit. Mitjançant l'anàlisi del partit en vídeo el staff avalua i valora cadascun dels seus jugadors i el comportament de l'equip en general. La competició posa normalment a cadascú al seu lloc, sobretot a llarg termini. Això explica perquè tots els entrenadors veuen com a molt important tornar a veure el partit, per poder valorar amb pausa i tranquil·litat, d'una forma més objectiva que durant l'encontre, on la perspectiva del míster i la tensió del moment no permeten veure tot el que la gravació del vídeo aporta. Moltes vegades la idea que es tenia del partit o d'una acció puntual d'un jugador (o d'un àrbitre) en directe coincideix veient-lo en el post partit, però en altres ocasions les imatges mostren una altra realitat diferent de la que es tenia.

El treball del post partit mitjançant les imatges de vídeo s'ha convertit unànimement per tots els cossos tècnics en una eina imprescindible per millorar el rendiment de l'equip, del jugador i també de l'entrenador, raó principal per a la qual el següent capítol tracta l'anàlisi de vídeo i tot el que aporta.

TECNOLOGIA: ANÀLISI DE VÍDEO

"El més meravellós de la meva professió és imaginar el partit que succeirà demà. Amb els jugadors que jo tinc, amb aquestes eines que tinc, amb el contrari, que sé el que fa, somiar què passarà".

JOSEP GUARDIOLA

En menys de trenta anys hem passat de preguntar-nos si l'ordinador podria ser útil per a l'entrenador de futbol, a establir la informàtica i el vídeo com unes eines comunes i indispensables per als tècnics esportius. Moltes coses que ara semblen comunes, tan sols uns anys abans eren desgavellades i innecessàries. Cal agrair als llicenciats en Ciències de l'Activitat Física i l'Esport, qui van introduir en els diferents esports les primeres tecnologies per a millorar el rendiment. La tecnologia s'ha imposat d'aquesta manera, i malgrat els entrenadors tradicionals de futbol reticents a novetats tecnològiques, a sortir dels seus racons de seguretat volent seguir fent el mateix que van aprendre en les seves èpoques de jugador. Les noves tecnologies ja no són només cosa de pulsòmetres i GPS per a preparadors físics.

Un article titulat *"És l'ordinador útil per a l'entrenador?"* pel llavors tècnic dels juvenils del Real Madrid, Rafa Benítez, al *I Congrés Internacional de Futbol* (1989), ens mostra l'evolució de la mentalitat tecnològica en el futbol espanyol en menys de trenta anys. Segurament quan Rafa Benítez argumentava al congrés com feia servir el seu ordinador per recopilar dades sobre els seus tests de tècnica i físics, més d'un pensava: "Això són només coses d'inefos".

Avui en dia la tecnologia en l'esport està present en tots els entrenadors, en tots els clubs, s'ha normalitzat el seu ús. Quin tècnic actual no fa servir un ordinador per al seu treball? El vídeo, és sens dubte, una de les eines més comunes en els cossos tècnics per intentar millorar el rendiment dels seus equips, ja sigui estudiant el rival com analitzant el seu propi equip en partits i entrenaments. A més, tal i com es comentarà a la segona part del llibre, el vídeo està cada vegada més de moda per a l'ús individualitzat amb el jugador. Encara que el futbol sigui un esport d'equip, l'aprenentatge del jugador fora del terreny de joc pot donar-se de forma individual i molt directa mitjançant la visualització de vídeos personalitzats, bé sigui per corregir els seus errors com per a potenciar els seus punts forts.

Tots els segons que s'han entrevistat declaren que l'ús del vídeo actualment és una eina fonamental per millorar el rendiment del jugador i de l'equip; a més, alguns utilitzen altres tecnologies en l'ús diari de la feina de casa. Encara que tenen molt clar que el més important de la qüestió és el què, no el com; per exemple, Giráldez ens apunta ben clar que *"les tecnologies no són l'important, l'essencial són els continguts"*. Ell mateix confirma que al Watford FC els fan servir amb assiduïtat cada setmana, en conjunt tot l'equip i també de forma individualitzada, sobretot per dos motius:

- Per ajudar-los a ser conscients del que havia passat reforçant encerts i intentant corregir errors
- Per avançar el que passarà

A més apunta altres tecnologies que fan servir: pissarra tàctica, IPad®, i lliurament d'imatges en USB.

Torrent, que va treballar també per a Guardiola al FC Barcelona com scouting de rivals, és un expert en el vídeo anàlisi i en l'ús de diferents tecnologies audiovisuals:

> *"Faig servir el vídeo per a les xerrades que tinc setmanalment amb els jugadors, per donar informació real del que ens trobarem del contrari. A més utilitzo altres tecnologies com programes informàtics d'animació per marcar les jugades d'ABP que farem o que defensarem".*

Víctor Sánchez i el staff utilitzen el vídeo per a moltes situacions diferents, així com diferents plataformes d'edició i scouting:

> *"Com staff sí que fem servir el vídeo amb els jugadors. Del rival, de nosaltres mateixos, dels entrenaments, abans dels partits, després dels partits, en tot moment. Les plataformes que tenim les poden tenir qualsevol equip del nostre nivell. Des de l'edició i talls de vídeo, la tecnologia que fan servir tots els equips de les primeres lligues del món per al tema de scout de jugadors i poder extreure qualsevol partit de qualsevol lliga".*

Pérez, al Tottenham, també graven, a més dels partits, totes les sessions d'entrenament. Fins i tot les tasques condicionals de prevenció dins de les instal·lacions:

"Sí que utilitzo el vídeo amb els jugadors, per a l'anàlisi previ i post partit, per a la pilota parada i fins i tot per algunes tasques d'entrenament. Nosaltres, per exemple, vam gravar tots els entrenaments tant interiors com exteriors. Des que el jugador comença a fer la prevenció fins que acaba l'entrenament, ho gravem tot".

A més confessa que l'equip londinenc té totes les tecnologies actuals, sobretot a nivell condicional:

"Tota la tecnologia de mesurament de la càrrega interna i externa que hi ha al mercat. Tant per a entrenament de camp com a entrenament d'indoor".

Unzué, per la seva banda, se sentiria avui dia molt limitat com a entrenador sense el vídeo, però també alerta dels seus perills. Comenta la importància de saber utilitzar-lo perquè pot deixar en evidència el jugador:

"Sí, nosaltres en general, sense el vídeo, i fins i tot aniria més enllà: sense l'enregistrament propi. Hi ha molta diferència entre la gravació d'un partit de la televisió, amb un enregistrament propi. Són vint-i-dos jugadors en moviment contínuament, i en una idea del joc que fem nosaltres, és molt important el que passa a prop de la pilota, però també és molt important el que passa lluny d'ella. El que veus a la televisió, en molts casos no es veuen els allunyats, i per a tenir èxit o fracàs en la següent jugada és molt important el que estiguin fent aquells jugadors que estan més allunyats de la pilota. I ja no només amb els jugadors de camp, sinó també amb el porter, perquè moltes vegades podrà arribar a una jugada depenent d'on estigui col·locat.

Per poder, primer, no tenir cap dubte del que has vist en directe i sobretot, per poder exposar al jugador amb un criteri evident, necessites aquest vídeo. Al final, al parlar als jugadors per sensacions, el jugador fàcilment et pot rebatre, i sense imatges és un contra l'altre, i moltes vegades el que has vist en el moment no és tan real com després quan ho veus al vídeo. És que el futbol és molt complex i al final jo

> veig un partit diferent del que veia fa quinze anys, pots captar certs detalls en directe, però no pots captar-ho tot. Quan vas al vídeo és quan vas captant tot el que ha passat.
>
> El vídeo és una manera de poder dir-li al jugador el que ha passat. I això és una cosa molt positiva per a ell, perquè sent que el beneficia, al cap i a la fi, el jugador que és intel·ligent i una mica ambiciós, vol millorar. Si ell entén que amb el que li estàs ensenyant, la teva intenció és que sigui cada dia millor, ho voldrà per a ell. El vídeo et dóna moltes possibilitats de millorar, però també et dóna moltes possibilitats de equivocar-te, moltes més que si no el tens: Com?, Quan?, Per què? Cal ser el prou intel·ligent, cal utilitzar-lo amb cura perquè pot deixar de vegades al jugador en evidència. Necessites saber què necessita el jugador en cada situació, en cada moment, si necessita reforç, si necessita pressió perquè millori, com és aquest jugador. Si li agrada que el reafirmin, o li agrada que el pressionin i sentir-se una mica amb aquest estrès, perquè n'hi ha que se senten bé en aquesta situació. De forma individual? De forma col·lectiva?
>
> El vídeo ens dóna moltes, moltes possibilitats, i ja et dic que jo, ara, si me n'anés a entrenar a un lloc que no pogués disposar del vídeo, em sentiria molt limitat".

De la mateixa manera, agraeix a les tecnologies d'edició de vídeo perquè li treuen moltes hores de treball:

> "Gràcies a tots els programes de software el que fan és reduir molt el temps de treball, perquè el vídeo porta molt de temps. Tot el que ajudi a reduir aquests temps és fantàstic per a nosaltres".

Aspiazu fa ús del vídeo en l'Athletic Club per analitzar el joc, potenciar virtuts i corregir errors. Grande per la seva banda diu que *"el vídeo em serveix per a les explicacions als jugadors de l'anàlisi dels rivals i del propi equip"*. Ribera apunta que l'avantatge de treballar en un club com el RCD Espanyol de primera divisió és que té accés a diferents tecnologies molt útils per al seu treball:

> "Per a mi, avui en dia el vídeo és bàsic. Per sort un equip de primera divisió et dóna unes tecnologies que es poden aprofitar. Nosaltres treballàvem amb l'ERIC SPORTS que ens funcionava molt bé i li donàvem molta utilitat. L'aprofitàvem

per al jugador, perquè aquest, fins que no es veu, moltes vegades no et creu".

Argumenta com el feien servir, sobretot per a millorar el rendiment dels jugadors:

"A nivell grupal cada setmana l'utilitzàvem per a l'informe del rival i per potenciar o millorar les coses que fèiem bé o malament. I, a nivell individual, sobretot per a correccions, per intentar que el jugador no cometi errors, intentant que les coses que fa bé les segueixi fent bé, però les que fa malament les intenti corregir".

Així mateix, utilitza altres programes de vídeo d'anàlisi conjuntament amb la secretaria tècnica i l'analista del club per a un altre tipus de tasques:

"També fèiem servir altres programes com el WYSCOUT a pretemporada i en mercat de fitxatges per al seguiment de jugadors. A més l'analista l'utilitzava per donar informació als jugadors dels rivals amb qui s'anaven a enfrontar, donant informes individualitzats de cada jugador".

I és que, com vinc comentant, el vídeo és una de les eines més utilitzades i importants per als tècnics. Tots els entrevistats confirmen la rellevància sobre el treball d'avui en dia amb el vídeo per a la millora individual del jugador i per a conèixer el rival. Actualment està molt instaurat el seu ús, així com la figura de l'analista en els staffs, els que graven els partits, tallen les jugades seleccionades, realitzen edicions i talls individuals de jugadors i tota mena de treball que els seus tècnics els encomanin relacionat amb imatges. Per a això, disposen de programes normalment d'alt cost i especialitzat per a l'edició esportiva. Tot un món avui en dia.

De fet, *La Liga* aporta a cada club professional (de primera i segona divisió) els vídeos de tots els partits, però tot i així molts clubs, sobretot els de més alt pressupost, prefereixen tenir els seus propis enregistraments per un tema de qualitat: sense interrupcions, sense enfocaments personalitzats als jugadors i podent veure la totalitat del seu equip en el terreny de joc, fins i tot des del porter fins al davanter.

ACCIONS A PILOTA PARADA (ABP)

"El gol de la desena no només el vaig marcar jo, el vam marcar tots els cors madridistes".

SERGIO RAMOS

No podria dir amb exactitud quines temporades ni qui va ser el que va iniciar la moda del segon entrenador com a responsable d'estudiar, organitzar i entrenar totes les ABP de l'equip. La veritat és que en l'actualitat una de les responsabilitats més importants del segon són aquest tipus d'accions del futbol.

A continuació es defineix el concepte d'Acció a Pilota Parada (ABP), es debat sobre una adequada terminologia i es justifica la seva importància en el rendiment del futbol actual mitjançant l'anàlisi de les investigacions sobre les estadístiques dels gols a pilota aturada. Tot això basat en els resultats de la meva tesi doctoral sobre les ABP titulada *"Praxis de las acciones a balón parado en Futbol. Revisión conceptual bajo las teorías de la Praxiología Motriz"* (Silva, 2011).

CONCEPTE

Com a definició, són totes aquelles accions que reprenen el joc després d'una interrupció reglamentària. Realment, el concepte d'accions a pilota parada, el que últimament i d'una forma per fi encertada se li denomina directament amb les sigles ABP, es pot definir de forma més àmplia i acadèmica (Silva, 2011: 107):

> *"Les ABP en futbol són les accions motrius dels jugadors que parteixen de la represa del joc després d'una interrupció reglamentària. Aquestes poden ser de «cooperació» en el cas que s'estigui en possessió de la pilota (ofensives) o d'«oposició» si no s'està en possessió de la pilota (defensives). Es donen vuit situacions en què es reprèn el joc:*
>
> - *penal*
> - *lliure directe*
> - *servei de córner*
> - *servei inicial*

- *servei de meta*
- *lliure indirecte*
- *servei de banda*
- *pilota a terra*".

Totes aquestes accions poden servir-se de forma improvisada pel jugador i també es poden servir seguint les pautes preestablertes i dirigides pel segon, el que es denomina com *jugades o accions assajades a pilota parada* (Gómez, 1999).

Les *jugades assajades a pilota parada* que dissenya i entrena generalment el segon entrenador les podem classificar amb el objectiu d'establir una terminologia unificadora. Això facilitarà la comprensió per part de tots (cos tècnic i jugadors) per a realitzar explicacions tècniques o bé recollir una anàlisi estadística de les ABP en competició. A continuació mostro com exemple, una possible terminologia a l'hora de treballar-les:

1. servei de cantonada o córner
2. falta lateral profunda
3. penal
4. lliure directe frontal de l'àrea
5. lliure indirecte frontal de l'àrea
6. falta lateral
7. falta mig camp
8. servei de banda
9. servei inicial o de començament

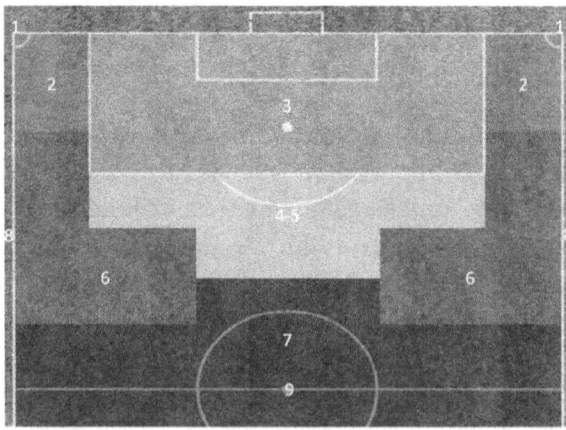

Figura 6. Zones del camp de les diferents jugades assajades a pilota parada.

TERME "ESTRATÈGIA"

S'intenta donar una visió nova sobre l'antic terme d'"Estratègia" que es ve encara s'usa erròniament utilitzant a Espanya per fer referència a les accions que reprenen el joc després d'una interrupció reglamentària. Es substitueix el terme per un que va sent acceptat per la comunitat futbolística a poc a poc: les accions a pilota parada (ABP).

Ja en els anys noranta, Francisco Lacuesta es pronuncia sobre el terme "Estratègia" (1997: 160):

> *"En general, aquest vocable s'identifica com «fer plans a mitjà i llarg termini sobre una matèria determinada o sobre un assumpte». Fins ara i des de fa moltíssim temps, parlant de futbol, la majoria dels entrenadors, jugadors, periodistes, aficionats i, en general, tots els que es relacionen amb aquest esport, fan servir, gairebé en exclusiva, el terme «Estratègia» per definir les «accions del joc que tenen el seu origen en un servei» i que es poden tenir pensades i assajades per sorprendre a l'adversari i aconseguir desenvolupar una jugada eficaç".*

D'aquesta manera s'acosta més al vocabulari anglosaxó, segons *Football Diccionari* de la *FIFA* (Binder i Brasse, 1998), "Estratègia" es tradueix a l'anglès com "strategy", però el terme que realment fa referència a les accions a pilota parada cal buscar-lo per *Set-play* (o *Set-piece*). Un clar exemple el trobem en el títol d'un llibre en 1997 de dos autors americans Malcolm Simon i John A. Reeves; "Soccer Restart Plays", que en traduir-lo al castellà queda titulat i publicat a Espanya com "Futbol. Jugades a Pilota Parada". I és que de fet, hi ha moltes paraules de la terminologia futbolística que provenen de la influència del futbol anglès, però en concret "strategy" no és el que l'Escola Nacional d'Entrenadors de la Real Federación Española de Fútbol (RFEF) va redactar en la seva primera definició. En el volum "Tàctica, Estratègia, Sistemes de Joc" del Curs Nivell III d'Entrenador Nacional de Futbol, escrit per Mariano Moreno, qui va ser director de l'Escola, diu (1994a: 225-226):

> *"4.1. Estratègia (Tàctiques fixes):*
>
> *Són totes aquelles accions que es poden desenvolupar en un partit, tractant d'aprofitar o neutralitzar tota classe de llançament a pilota parada:*
>
> *• Estratègia ofensiva*

- *Llançaments*
- *Estratègia defensiva*
  - *Formació de barreres*

Tàctiques a pilotes detingudes

Les regles del futbol sancionen les faltes o les sortides de la pilota del terreny amb interrupcions del joc. La pilota serà posada novament en joc per mitjà d'un tir lliure, un tir de cantonada, una penal, un servei lateral o d'un servei de meta.

Totes aquestes situacions particulars són objecte de maniobres elaborades i automatitzades mitjançant entrenaments específics.

Els jugadors cridats a realitzar aquestes accions han de posseir certes qualitats necessàries i estar preparats per utilitzar sàviament aquestes ocasions. Els automatismes a aquestes jugades han adquirit una importància cabdal, ja que una gran quantitat de gols provenen d'aquestes accions".

Gairebé deu anys després, el 2002, el mateix Moreno redacta un article titulat "Estratègia futbolística" redefinint de nou aquest concepte que, com ell mateix exposa (2002: 5-7):

"Una vegada, i molt recentment, un tècnic em va indicar i va sol·licitar al mateix temps, que en l'Escola Nacional modifiqués el text i la definició d'Estratègia, i que s'adaptés a la realitat. Jo vaig voler entendre que es referia al que ell interpretava i que no havia analitzat en el seu autèntic desenvolupament pràctic".

Moreno torna a nomenar les represes del joc com *Tàctiques fixes: Estratègia*, i les defineix de nou com en els textos anteriors, però aquesta vegada per al terme específic d'"*Estratègia"* afegeix (2002: 6):

"Alguns entrenadors tenen la creença que Estratègia és allò que tan sols es realitza durant un partit mitjançant accions sorprenents quan es posa la pilota en joc, i en realitat no és només això exactament, perquè allò que un equip posa de manifest, tant en atac (posar la pilota en joc) com en defensa (neutralitzar les accions sorprenents dels oponents), és com a

conseqüència de la tasca i coneixements de l'entrenador i jugadors, que en col·laboració amb aquests, es desenvolupen durant les sessions de treball; el que vol dir que l'Estratègia es treballa durant els entrenaments per posar-lo en pràctica en els partits.

És més, també considerem Estratègia allò que pensa, planifica i desenvolupa l'entrenador amb els seus jugadors amb la idea de sorprendre tàcticament l'equip adversari i que explica als seus deixebles amb consignes clares per al seu compliment durant el joc, que és en definitiva tot allò que un equip desenvolupa durant un partit en els conceptes de Sistema de Joc, Tàctiques Mòbils, Tàctiques Fixes i la conseqüent Organització del Joc del Conjunt".

ESTADÍSTICA DE GOLS I ACCIONS A PILOTA PARADA

Sens dubte que les ABP, tant ofensives com defensives, són una part important del rendiment en el futbol i, per tant, haurien de ser-ho també de l'entrenament i la seva anàlisi. Històricament s'han realitzat nombroses investigacions de diferent naturalesa sobre aquesta part del joc però, sobretot abunden les que relacionen les ABP amb el gol. De trenta-dos investigacions es van obtenir una mitjana de 32,3% gols a pilota parada (taula 1). Un de cada tres gols (33%) en el futbol vénen d'ABP, sens dubte un percentatge a tenir molt en compte en la competició i que el segon entrenador haurà de controlar amb qualitat i treball per donar el màxim rendiment a l'equip, mostrant originalitat i la major eficàcia possible en les jugades a favor, així com seguretat i solvència per defensar-se de les jugades del rival.

Taula 1. Recull d'estudis sobre el percentatge de gols a pilota parada (Silva, 2011: 127).

autor (any)	competició	% gols ABP
Hugues (1980)	Finals dels Mundials entre 1966 y 1986	48,1%
Bate (1988)	3ª divisió anglesa (Notts County FC) 1985/86	46,0%
Olsen (1988)	Mundial Mèxic 1986	27,5%
Reilly, Lees and Davids (1988)	Mundial Mèxic 1986	25,8%
Loy (1990)	Mundial Itàlia 1990	30,0%
Dufour (1993)	Mundial Espanya 1982	45,0%
Jinshan et al. (1993)	Mundial Espanya 1982	26,0%
	Mundial Mèxic 1986	23,0%
	Mundial Itàlia 1990	32,0%
	Mundial USA 1994	39,0%
Marcos (1994)	Mundial USA 1994	39,0%
Alonso (1995)	Mundial USA 1994	39,3%
Castellano y Zubillaga (1995b)	Mundial USA 1994	50,4%
Yagüe y Paz (1995)	Lliga espanyola 1994/95	29,0%
Pérez y Vicente (1996)	Mundial USA 1994	30,3%
Olsen and Larsen (1997)	Selecció Nacional Noruega 1994	32,1%
Turpin (1998)	Mundial Mèxic 1986	23,0%
Gómez (1999)	Lliga espanyola 1989/90	16,3%
	Mundial USA 1994	32,3%
	Mundial França 1998	34,1%
Grant et al. (1999)	Mundial França 1998	24,6%
Bangsbo and Peitersen (2003)	Mundial Itàlia 1990	32,0%
	Mundial USA 1994	25,0%
Valverde y Sainz (2006)	Mundial de Corea 2002	35,5%
Vázquez (2007a)	Mundial Alemanya 2006	41,5%
Vázquez (2008)	Eurocopa Suïssa-Àustria 2008	29,9%
Acar et al. (2009)	Mundial Espanya 1982	26,0%
	Mundial Mèxic 1986	26,0%
	Mundial Itàlia 1990	27,3%
	Mundial França 1998	32,2%
	Mundial Corea-Japó 2002	29,0%
	Mundial Alemanya 2006	37,0%
mitjana		32,3%

A grans trets, les conclusions estadístiques més rellevants de la tesi van ser (Silva, 2011):

Sobre les estadístiques dels gols a pilota parada:

- Una tercera part dels gols constatats a la Lliga espanyola 2008/09 van ser a partir d'ABP.
- En els campionats amb fases eliminatòries el percentatge de gols ABP són més elevats que en les lligues.
- Penal i servei de córner són les ABP que més gols aconsegueixen.

Sobre les ABP que s'envien a l'àrea:

- Durant la segona volta de campionat de lliga hi ha més enviaments a l'àrea d'ABP.
- La *zona crítica d'àrea* (zona 2 a la fig. 7) és on s'observen més remats i gols de totes les ABP.
- El servei de córner és l'ABP a partir de mig camp que més es repeteix, una mitjana de deu per partit.

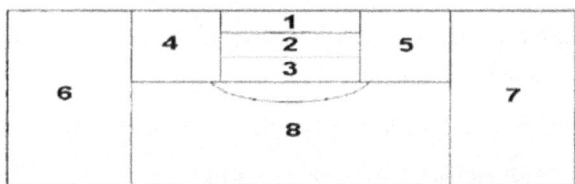

Figura. 7. Representació de les àrees utilitzades en l'anàlisi dels serveis de cantonada de Taylor, James & Mellalieu (2005: 226).

Sobre els córners:

- La *zona crítica de l'àrea* és la destinació més freqüent en els llançaments de córners (35,4%).
- Un de cada tres serveis de cantonades són rematats, essent l'àrea de meta (zona 1 a la fig. 7) la zona on s'observa major eficàcia en la rematada a gol.
- L'eficàcia dels serveis de cantonada confirma que només l'1,1% dels mateixos acaben en gol.

Sobre l'entrenament de les ABP:

- El temps dedicat a l'entrenament de les ABP en el primer equip del Getafe CF la temporada 2008/09 va ser del 5,55% del total d'entrenament.
- S'observa un lleuger augment del seu entrenament a mida que avança la temporada.
- A les sessions de pretemporada predomina l'entrenament defensiu de les ABP més que l'ofensiu (20 a 14).
- Les ABP ofensives s'entrenen més en la segona volta del campionat que a la primera (69 per 46).
- Hi ha molta diferència entre el percentatge de gols ABP i el seu entrenament: 32,1% i 5,55% respectivament.

Dels segons entrenadors entrevistats, tots ells, com ja s'ha comentat en capítols anteriors, s'encarreguen de les ABP ofensives i defensives. Tan sols Diego Ribera comparteix aquesta responsabilitat directament amb el míster, ja que a Sergio li agrada estar present en les jugades a pilota parada. En els dies de partit, Ribera, a més d'assenyalar les jugades als jugadors, s'encarrega de donar les marques un cop coneix l'alineació rival.

Alberto Giráldez, defineix les tasques que realitza abans dels partits com la *"Preparació de l'ABP"*:

- Consultar la decisió sobre quines jugades realitzar
- Representar-les gràficament i imprimir-les
- Ubicar les representacions gràfiques de les ABP al vestidor
- Ajustar marques després de conèixer l'alineació de l'oponent
- Informar de manera individualitzada als jugadors

Víctor planteja com desenvolupa les ABP durant el partit, comparteix la funció amb un altre integrant del staff que també és a la banqueta:

"Durant el partit, que al final és la part on s'aconsegueixen els resultats, jo estic a la banqueta juntament amb Nacho Torreño i amb el míster per intentar donar-li el feedback que anem veient durant el partit, bé sigui amb els canvis, amb l'estratègia del joc, i amb coses que podem anar canviant. També estem en contacte amb l'analista, i en les accions a pilota parada entre Nacho i jo ens encarreguem d'explicar als jugadors que seran a la banqueta i que entraran a jugar

quins seran els seus rols en aquestes accions. En els partits Nacho i jo som els qui diem als jugadors les accions a pilota parada, i m'he d'assegurar què és el que li diré al jugador abans que surti al camp, però no em sento responsable si el jugador marca gol en aquesta jugada. Em sento responsable de tot el que passa al voltant de l'equip".

Per la seva banda, Pérez prepara i entrena les ABP al Tottenham donant molta importància a l'anàlisi del rival tot treballant amb el vídeo i les animacions a causa de la gran càrrega de partits que tenen a Anglaterra:

"Les accions a pilota parada són responsabilitat directa meva, que al costat de la col·laboració dels analistes em permet conèixer el rival amb molt de detall i preparar cada partit amb diferent aproximació.

Després d'anys de treball junts, la confiança és una clau que genera independència. M'agrada consultar-ho tot perquè és el seu estil de fer tot i crec en això. Tots tenim visions i detalls que enriqueixen una idea, jo preparo el vídeo però m'agrada compartir-lo. Tenim flexibilitat en el joc de pilota parada ofensiu, sempre com podem explorar el rival. A nivell defensiu ajustant els nostres principis per evitar situacions de fortalesa del rival que intuïm que farà. Ressaltem que ens pot fer el rival en funció de les nostres últimes actuacions, és important anticipar què pensa el rival en aquestes accions tan concretes del joc.

El vídeo i les animacions són claus per a equips que competeixen amb tanta densitat".

Igual que Unzué quan tractava en el capítol anterior sobre la preparació dels partits, l'escàs temps d'entrenament del que disposen equips que solen competir dues vegades per setmana, fa que el vídeo esdevingui una tasca més d'entrenament de les ABP per Pérez. Aquest és un punt interessant i innovador, atès que tradicionalment aquestes accions s'han entrenat durant molt temps en el camp a final de setmana. Sempre s'ha comentat la dificultat d'entrenar-les durant les sessions, i segueix essent un debat comú entre tècnics: "Com entrenes tu la pilota parada?". Segurament ho haureu provat de moltes maneres diferents: durant els partits d'entrenament, de manera aïllada amb els defensors, només amb els atacants, amb el grup de jugadors titulars en el partit del dia següent, en grups reduïts, mitjançant estructures competitives, de maneres més lúdiques, i fins i tot en forma d'autogestió per part dels jugadors, que ells mateixos creïn les seves pròpies jugades assajades.

Això suggereix fortament que ningú pot dir del cert quin mètode és el més eficient per a entrenar-les, sense que els jugadors s'avorreixin, sense que ho facin prestant poca atenció i concentració o simplement sense que es morin de fred. El que sí que sembla, i repetint una altra vegada les tendències actuals, és que el vídeo guanya terreny de nou. Estarà canviant el model d'entrenament de les ABP cap al visionat de vídeo? S'estarà confiant més en el llançador i en la comprensió dels moviments i responsabilitats per part de la resta que en el seu entrenament?

D'altra banda, permeteu-me el luxe de seguir amb les tendències actuals nomenant una sèrie de punts importants els quals un segon entrenador ha de tenir en compte sobre la preparació i entrenament de les ABP: joc dels rebutjos o segones jugades, balanços defensius i trajectòries de la pilota.

FORMACIÓ CONTINUADA

> *"El geni es fa amb un 1% de talent i un 99% de treball".*
>
> ALBERT EINSTEIN

Coincideixen tots els segons entrenadors entrevistats en que sempre estan en permanent formació, com una constant obligatòria en el seu procés laboral. Sobre la manera de formar-se, distingim els qui destaquen una formació basada en la lectura de llibres i l'estudi més tècnic mitjançant cursos de la Federació de Futbol, d'aquells que plantegen una forma més pràctica d'anar aprenent dia a dia, mitjançant l'intercanvi d'informació i visualització amb altres equips i/o entrenadors.

Jesús Pérez distingeix en la seva formació diferents àrees d'aprenentatge, essent un dels que més valora el segon tipus de formació més pràctica:

> *"Un seixanta per cent de la meva formació és mitjançant intercanvi amb gent, contactes telefònics, visites, etc. Lectura i internet és una altra font. Després, d'on més aprenc és del personal que treballa amb mi, dels jugadors, atès que aquests vénen cada un d'un país diferent, han treballat amb tècnics diferents. I el que més t'ensenya és la competició. Aquestes són una mica les quatre àrees d'on jo vaig intentant aprendre".*

En aquesta mateixa línia, Aspiazu dóna molta importància a seguir formant-se tot dient que:

> *"En el futbol, com en la vida, cal seguir formant-se per seguir desenvolupant-se, i la millor manera que conec per a fer-ho és l'habitual contacte amb altres entrenadors, ja siguin de la casa (Lezama) o de l'exterior".*

Toni Grande també és dels que es forma d'una manera més pràctica mitjançant el treball i la dedicació, exactament igual que Unzué, qui mai deixa de formar-se contínuament; la seva formació durant tota la vida ha estat basada en les seves pròpies vivències. Confessa tenir la sort d'haver pogut estar a prop de grans tècnics i d'aprendre en primera persona dels millors:

> "Per a mi, cada dia que passa és una possibilitat de formar-me, i el dia que deixi de pensar això, estic mort, perquè et quedes enrere molt ràpidament. No tinc cap dubte que hi ha molta gent més capaç del que pensem i que a les noves generacions, igual que a la nostra, tot va evolucionant. En l'aspecte tàctic, el propi reglament ha fet que s'evolucioni; molts canvis tàctics que ens han deixat gent que ha vingut des de fora. Per a mi, l'entrenador espanyol està molt preparat, l'experiència que tinc, que no és poca, em fa pensar que l'entrenador espanyol, possiblement és el que estigui millor preparat en l'aspecte tàctic, tant defensivament, i fins i tot ara ofensivament. I dic això des del respecte. I si dic això és perquè sé que hi ha moltes maneres de dirigir, moltes formes de guanyar i de perdre. L'entrenador espanyol, no només ha après dels entrenadors espanyols, sinó que s'ha pogut aprofitar d'uns anys que han vingut de fora d'on hem anat adquirint una barreja d'idees futbolístiques que les hem fet com nostres. Crec que hi ha gent molt, molt capaç, i en el moment que penses que ja ho saps tot, estàs perdut segur".

Segons ell, la millor via d'aprenentatge és l'experiència, i se sent un privilegiat per les seves pròpies vivències com a jugador, i després en els diferents càrrecs com a tècnic:

> "En el meu cas, gràcies a Déu, em sento un privilegiat en això, m'he tirat trenta anys seguits treballant. Ha estat tot experiència pròpia, és a dir, vivències pròpies, que han estat la meva manera de créixer. He tingut la sort de veure quina és la millor possibilitat. Evidentment, de vegades si que he pensat que m'hagués agradat tenir uns estudis més per poder tenir, més que coneixement en sí, el vocabulari, el saber perquè fèiem les coses. Quan he vist que tenia aquestes deficiències, preguntava a la gent que tenia al voltant, què més sabia d'això.
>
> Per exemple, quan vaig venir d'entrenador de porters, sabia el tipus d'entrenament que podia fer, però no sabia calcular les càrregues, com i quan havia de fer-les. I el que vaig fer va ser aprofitar-me dels coneixements que tenia al meu voltant per adquirir aquest coneixement que no he tingut des de la teoria, des de l'estudi. El meu ha estat des la pràctica. Dic

que és personalment la millor perquè simplement la teoria te la poden ensenyar, des dels llibres, des de la visió de molts entrenaments, però saber, conèixer, la veu de l'entrenador, saber quan i per què es diu això... Això és el que marca la diferència respecte el que no ha tingut la sort de poder viure-ho en directe. Té aquest coneixement teòric que és important, però no el coneixement més proper, de l'arrel".

A més explica la seva experiència i tot el que va aprendre sobre tàctica quan exercia d'entrenador de porters al FC Barcelona de Pep Guardiola:

"Per exemple, tu pots copiar la sortida de tres, però no tens el coneixement d'on ha sortit aquesta idea de la sortida de tres. Jo he tingut aquesta sort de saber el perquè, l'arrel de cada decisió tàctica que s'ha fet. Ja no és un tema de copiar, sobretot en l'aspecte tàctic en Pep m'ha ajudat a veure el futbol d'una altra manera. Em fixo en altres coses que abans no em fixava, veig un altre partit del que veia fa quinze anys. Per a mi ha estat un privilegi el poder escoltar, i posar-nos una taula i preguntar-nos perquè fem això o allò altre".

D'altra banda, Alberto Giráldez combina perfectament l'estudi teòric amb el pràctic. Es forma de manera continuada mentre treballa:

"Recollir tot tipus d'informació, llegint molt, intercanviant informació amb altres tècnics i observant entrenaments de diferents equips".

Cal destacar en Alberto la seva formació acadèmica prèvia a ser segon entrenador professional, assistint com a ponent i oient a nombrosos congressos, classes de màsters, simposis, cursos, ponències, etc. A més d'haver obtingut tres màsters i un curs de director de futbol, tot això després de llicenciar-se i treure´s el Nivell III d'entrenador.

Víctor, que es va llicenciar en Ciències de l'Activitat Física i l'Esport anys enrere i va realitzar diversos cursos acadèmics com un Màster en esports d'equip, no té temps actualment per seguir formant-se de manera reglada. Intenta llegir molt i aprendre del dia a dia amb Sousa i amb la resta de companys del cos tècnic:

"Segueixo formant-me, però a nivell reglat és molt difícil. El que feia abans d'entrar en el món professional d'inscriure'm a tres o quatre cursos de qualsevol cosa que em pogués

ajudar ara, això m'és molt difícil. Intento fer formació d'aquest tipus mitjançant amics que van a algun curs i em passen informació interessant, o parlo amb algun amic i veig si pot anar-hi i gravar-m'ho. I després hi ha l'altra part de la meva formació, a part del meu treball del dia a dia que és la millor que tinc amb les altres persones del staff i amb el míster, la lectura. Considero que m'estic formant cada dia perquè intento anar llegint i veient coses noves cada dia".

Per la seva banda, Torrent segueix formant-se assistint a conferències i cursos d'entrenador de la Federació Espanyola de Futbol, de la mateixa manera que Diego Ribera, qui aprofita aquest temps lliure entre temporades per treure's el títol d'Entrenador Nivell III i aprendre anglès:

"Aquests sis mesos que he estat sense entrenar he aprofitat per fer el Nivell III d'entrenador, després també estic treballant dur en l'anglès, per si tenim opcions d'anar fora. Després sempre estem llegint llibres de futbol, sobretot llibres de pilota parada. Sempre és important llegir per poder aprendre".

Les declaracions dels tècnics denoten la importància que li donen a la formació, per a no quedar-se endarrerits o desconnectats de les últimes tendències. Encara que en els seus càrrecs com a segons d'equips d'elit la formació és constant pel simple dia a dia a la feina, a la mínima que poden intenten "regalar-se" una formació extra, bé sigui acadèmica o via laboral. Però jo em pregunto: Hi ha una formació tècnica i específica sobre els segons entrenadors de futbol? A la via acadèmica és pràcticament inexistent. Si hi ha alguna cosa és esporàdica, com en el *II Curs de Formació Contínua de la Llicència UEFA* PRO, on la RFEF va incloure com a part lectiva una taula rodona amb segons entrenadors professionals de la Lliga. Podem trobar alguna classe solta d'un segon en els cursos d'entrenadors discursejant les seves experiències, però poca cosa més.

De fet, si un pretén buscar literatura per aprendre llegint sobre la professió de segon entrenador, només podrà trobar aquesta obra. És per aquesta raó que els tècnics entrevistats busquen, mitjançant les relacions laborals, intercanvis i visionat d'altres equips professionals, per veure el que fan i com ho fan. Potser és el moment de, com en altres àrees de treball als clubs de futbol, formar una àrea de segons entrenadors en la qual puguin reunir-se, compartir experiències, informació i que mantinguin un contacte més comú, una formació permanent. Les diferents àrees dels clubs, com la de rendiment esportiu, la de preparació física, metodologia, porters, scouting, anàlisi, mèdica, etc., tenen les seves reunions i formacions, es coordinen per treballar tots a una, en un mateix sentit i amb un comú denominador. No és així per als segons entrenadors.

A continuació, a la segona part del llibre parlo sobre el futbol base, de com realitzar un seguiment i entrenament individualitzat, de la gran responsabilitat que això comporta al segon en la formació dels joves futbolistes per educar-los i ensenyar-los d'una manera individual i integradora. Per aquest motiu i des del meu punt de vista, els segons han d'estar organitzats i guiats sota una coordinació especialitzada des de dins dels seus clubs. Necessiten una àrea de segons entrenadors en la que es pugui treballar de forma conjunta, inicialment al voltant de:

- Protocol d'actuació en els partits
    - Objectius i focus d'atenció
    - Coordinació amb l'entrenador
- Protocol d'actuació en els entrenaments
    - Objectius i focus d'atenció
    - Coordinació amb l'entrenador
- ABP
    - Defensiu (defensa a l'home, en zona, mixta)
    - Ofensiu (jugades assajades)
    - Metodologia d'entrenament
    - Planificació d'entrenament
- Comunicació amb els jugadors
    - Tipus de comunicació
    - Control de la comunicació
- Seguiment individualitzat del jugador
    - Fitxa del jugador
    - Seguiment acadèmic
    - Família
- Entrenament individualitzat del jugador

PART II

EL SEGON ENTRENADOR DE FUTBOL BASE

L'ESPORT COM UNA "ESCOLA PER A LA VIDA"

> *"L'esport té el poder de transformar el món. Té més capacitat que els governs d'enderrocar barreres racials".*
>
> NELSON MANDELA

La societat en global té assumit que la pràctica de l'esport aporta beneficis en les persones, no només en l'àmbit de la salut i higiene, sinó a més en l'àmbit social i educatiu. Són nombrosos els textos redactats que promouen l'esport com una forma molt útil d'educar els joves. *Les Nacions Unides* fomenta aquesta idea nomenant *"L'Esport com una Escola per a la Vida"*, i enumera un seguit d'habilitats i valors que s'aprenen a través de la seva pràctica (Crespo, 2006):

- Cooperació
- Comunicació
- Respecte per les regles
- Resolució de problemes
- Comprensió
- Relació amb els altres
- Lideratge
- Respecte pels altres
- Com guanyar
- Com perdre
- Com gestionar la competència
- Joc net
- Compartir
- Autoestima
- Confiança
- Honradesa
- Amor propi
- Tolerància
- Resistència
- Treball en equip

- Disciplina
- Confiança en un mateix

El text conclou donant unes consideracions clau en relació amb l'esport i l'educació que sota el meu punt de vista són del tot encertades (2006: 14):

> "Per assolir objectius més alts en l'educació i el desenvolupament, els programes esportius s'han de centrar en el desenvolupament de l'individu i no només en el desenvolupament de les habilitats esportives d'índole tècnica".

De fet, la paraula *Esport* ha estat definida fa molts anys sota multitud d'interpretacions i per diferents autors, trobant així la de C. Diem (1966, extret d'Hernández, 1998: 14): *"És un joc portador de valor i serietat practicat amb lliurament, sotmès a regles, integrador i perfeccionador, ambiciós dels més alts resultats"*. Söll assenyala la funció educativa de l'esport, com una formació de la personalitat (en Hernández, 1998: 14):

> "És una activitat lliure i sense objecte, però realitzada sistemàticament i segons regles determinades: una activitat de la totalitat home, de moviment corporal exercida en competició i en col·lectivitat que primàriament serveix per a l'exercitació i educació del cos, però finalment té també present la formació de tota la personalitat".

Concretament en l'esport del futbol, la seva pràctica aporta uns beneficis a diferents nivells per a les persones que el practiquen. Per Moreno i García (1998) és un dels esports que més es practica des de joves a les escoles pel fet que:

1. Satisfà la necessitat de moviment
2. Satisfà la necessitat de joc
3. Aporta beneficis fisiològics
4. Aporta beneficis psicològics
5. Aporta beneficis en el pla social

El futbol no només es practica en col·legis, són els clubs de futbol els veritables responsables del procés de formació esportiva dels joves jugadors de futbol. A diferència d'altres països com per exemple els Estats Units, Espanya té una estructura molt potent pel que fa a clubs. L'esport regularitzat es basa fonamentalment en les federacions i els clubs esportius. El *Consejo Superior de Deportes* (CSD) dóna a conèixer cada any a la "Memòria de Llicències i Clubs" (www.csd.gob.es) les dades sobre el nombre de llicències inscrites a les diferents federacions esportives d'Espanya. En l'última, l'any 2014, es van registrar un total de 64.755 clubs repartits en seixanta-sis esports, 3.388.098 llicències inscrites.

La Memòria mostra com el futbol és la federació que té més llicències esportives amb 874.093, el 26,6% del total, per davant del bàsquet amb 354.949 llicències. Pel que fa als clubs, de nou el futbol està molt per sobre de la resta d'esports amb 21.649 clubs inscrits a les federacions de futbol (el 33,4%), seguit de la caça (recollida pel CSD com una disciplina en medi natural, amb animals i desenvolupada amb armes), essent la segona federació amb més clubs esportius a Espanya amb 6.535.

Aquestes dades donen una idea de la importància i per tant de la responsabilitat dels clubs esportius en la societat espanyola. En els clubs es realitzen les pràctiques esportives, són els que disposen dels mitjans, instal·lacions, infraestructures i personal docent per dur a terme l'entrenament esportiu. Encara que siguin entitats de caràcter privat han de ser d'alt interès per als organismes governamentals, qui a través de les federacions esportives haurien de mantenir un control exhaustiu de tot allò que s'hi fa en ells. D'aquí la importància de la qualitat dels clubs. Segons De Knop et al. (1998: 160) no hi ha el club "ideal", però sí que assenyala uns punts que milloren la qualitat de l'esport juvenil dins d'un club:

1. *Hi ha d'haver suficients directors d'esport juvenil.*
2. *Tots han de ser benvinguts al club, amb independència del gènere, l'edat, l'origen o el talent.*
3. *Cal prestar suficient atenció a l'orientació dels nous membres.*
4. *A més de la formació tècnic-esportiva, s'han d'organitzar activitats especials per a joves.*
5. *Els joves han de ser tractats com un grup a part, amb necessitats distintives respecte al programa, l'entrenament, la infraestructura i l'equipament.*
6. *El club ha de mantenir bones línies de comunicació amb els pares, el consell esportiu municipal i les escoles.*
7. *L'opinió dels joves s'ha de tenir en compte pel club i hi ha d'haver un comitè d'esport juvenil.*

A continuació es plantegen aquests set punts, tot orientant-los cap els clubs de futbol i descrivint alguns exemples que estan d'acord amb la proposta de De Knop:

1. Hi ha d'haver suficients directors d'esport juvenil

Es pot estar d'acord en que hi han d'haver suficients directors esportius en nombre, però a més han de tenir vocació, experiència, i estar titulats. Raó per la qual la temporada 2016, la RFEF convoca la 21a edició del *Curs Superior de Formació de Directors Esportius* (www.rfef.es):

> *"La formació professional del director esportiu ha de respondre a les demandes, exigències i desafiaments que planteja la nova cultura del treball i el nivell d'altíssima competició amb el que es trobarà en el seu camp de treball. Aquesta nova situació requereix que els directius adquireixin un conjunt de competències personals, professionals i tecnològiques necessàries per a l'exercici de la seva funció.*
>
> *El curs està orientat al desenvolupament específic per al qual ja és director esportiu, per al qual aspira a ser-ho, o per al professional de l'àmbit del futbol que té -o tindrà- responsabilitat sobre un grup, equip de treball o organització".*

2. Tots han de ser benvinguts al club, amb independència del gènere, l'edat, l'origen o el talent

No tots els clubs compleixen amb el paràmetre de donar cabuda a totes les persones, per diferents raons:

- No s'ofereixen equips de futbol femení.

- Comencen a formar els seus jugadors en edats específiques.

- No es permeten inscripcions a jugadors internacionals menors de divuit anys segons el *Reglament Sobre l'Estatut i la Transferència dels Jugadors* de la *FIFA* des de 2014 en el seu article *XI. Transferències Internacionals de Menors d'Edat* (www.fifa.com).

- Es valora el talent i el rendiment esportiu com a característiques per poder ser membre en els *clubs d'alt rendiment esportiu*.

Cal esmentar sobre aquest últim paràmetre, que els clubs més poderosos basats en la captació i formació de joves talents, també disposen d'una gran estructura interna amb seccions i activitats com les escoles de futbol, els campus d'estiu, els clínics, les àrees socials i les fundacions, on donen cabuda a jugadors de tots els nivells, gènere i àmbit.

3. Cal prestar suficient atenció a l'orientació dels nous membres

Tracta de guiar i aconsellar als nous membres dels clubs, ben sigui per la seva procedència, nacionalitat, o per l'adaptació als canvis. Seran els directors tècnics i entrenadors, sobretot el segon, els encarregats de facilitar la benvinguda als nous amb el seu treball diari, experiència i bon fer. El paper del segon entrenador en aquest apartat és, si és possible, encara de més rellevància ja que part del seu treball és preocupar-se per conèixer l'estat anímic, social i esportiu del nou integrant, preguntar i mantenir un *feedback* positiu amb el jugador. En els casos d'aquells clubs que tenen residència pròpia on alberguen els seus esportistes, el segon entrenador ha de mantenir també informada la família del progrés d'adaptació del jove esportista, ja que els canvis en la seva vida són bruscs i moltes vegades difícils. Per aquesta causa tant la residència d'esportistes com els tècnics del club han de treballar per donar al jove jugador, sobretot al nouvingut, equilibri emocional i sentiment de pertinença cap a la seva nova llar. Que senti un profund arrelament pel club.

És conegut el cas, anys enrere, d'Andrés Iniesta quan va arribar de jovenet a *La Masia* del FC Barcelona; un entrenador de llavors anomenat Albert Benaiges (anys després seria el coordinador) el va atendre amb afecte i interès perquè la seva adaptació estava sent difícil, com em va comentar ell mateix una vegada: *"Era un noi molt tímid i que trobava a faltar molt la seva família, jo veia que ho estava passant malament"*. Albert Puig (2009: 127) també tracta aquest tema amb Benaiges en el seu llibre:

> *"Com que jo era solter, quan anava els caps de setmana a veure partits de futbol, m'acompanyaven nois que vivien a La Masia com l'Andrés Iniesta, el Javi Ruiz o el Mario Rosas. Era una manera de fer-los companyia perquè normalment es quedaven sols i trobaven a faltar la família".*

El següent llistat enumera els canvis més significatius que suposen per als nous residents el fitxar per un club llunyà de la seva llar.

Lògicament, cada persona s'adapta a un ritme diferent, però els més difícils de comportar solen estar relacionats amb els aspectes culturals:

- Entorn
- Cultura
- Idioma (fins i tot idiomes)
- Horaris
- Hàbits gastronòmics (dieta, menjar, horaris, etc.)
- Llar (habitació, llit, menjador, etc.)
- Escola (instal·lacions, professors, estil d'ensenyament, etc.)
- Amics i amigues
- Companys d'equip
- Entrenadors
- Instal·lacions esportives (vestuaris, camps, gimnasos, etc.)

4. A més de la formació tècnic-esportiva, s'han d'organitzar activitats especials per a joves

Proposa no donar una única i exclusiva formació tècnic-esportiva, sinó que s`ha d'implementar amb activitats especials i extra esportives per a joves que els involucri amb la seva societat, que integri en la seva cultura als nous i als vinguts de lluny, segons De Knop *et al.* (1998: 161):

> *"La provisió de valor afegit significa que, a més de l'entrenament esportiu i la participació real, el club també cobreix importants necessitats socials dels seus membres. Aquest valor social extra, aquest «sentiment de pertinença», sovint és una raó important per seguir sent membre d'un club esportiu. Quan els membres estan prou motivats i implicats en les activitats del club, també poden sentir-se motivats per desenvolupar importants valors, com ara iniciativa, responsabilitat i auto sacrifici, que poden aplicar a activitats no esportives. El club esportiu compleix una important funció educativa, igual que la família".*

Resulta vital per a la integració dels que vénen d'altres cultures, sobretot en aquells clubs que tenen residència per als seus joves esportistes, els quals s'han d'adaptar el més aviat i millor possible a tots els canvis comentats anteriorment. Per millorar aquest sentiment de pertinença el club pot organitzar activitats extra esportives, culturals i també socials.

Un exemple és *la Masia* del FC Barcelona, on es realitzen per als residents diferents activitats socials i culturals. Destaquen el taller per fer Castells a *Cal Figuerot* de Vilafranca del Penedès i la visita a l'*Escolania de l'Abadia de Montserrat*, amb qui mantenen de fa diversos anys intercanvis d'activitats musicals i esportives amb l'objectiu de donar a conèixer altres àmbits similars i facilitar l'adaptació dels nouvinguts. Com argumenta Ruben Bonastre, coordinador pedagògic de *La Masia*: (www.fcbarcelona.es):

> *"L'objectiu és donar a conèixer als residents blaugranes que no són els únics que es sacrifiquen per complir el seu somni. L'Escolania es presenta com a exemple i mirall per als esportistes i permet així compartir experiències. A més, d'aquesta manera faciliten l'adaptació dels joves recent arribats descobrint 'in situ' símbols de Catalunya, com és Montserrat, i conèixer l'entorn on viuen".*

5. Els joves han de ser tractats com un grup a part, amb necessitats distintives respecte al programa, l'entrenament, la infraestructura i l'equipament

Aquest punt influeix directament en l'adaptació de tot tipus de recursos humans i materials, les pròpies instal·lacions esportives i els programes segons l'edat de formació. Bon exemple d'això prenen les federacions en programar competicions de futbol adaptades a les diferents edats dels joves esportistes; tant és així que podem posar el clar exemple de la *Federació Catalana de Futbol* (i moltes altres del nostre país). Aquesta, en l'Assemblea General Extraordinària del 2 d'abril de 2010, va aprovar unes reformes i canvis en les estructures de les competicions per a la temporada 2010/11 en què els menors de dotze anys van passar de jugar futbol 11 a futbol 7.

A continuació s'observen els objectius que es van proposar en pro dels interessos formatius i esportius dels joves participants (www.fcf.cat):

A. Adaptar la competició als nens (futbol 7 - futbol 11)

- *Tots els Alevins passaran a jugar Futbol 7 la temporada 2010-2011*

B. Reduir la mobilitat dels nens en les categories més altes

- *Fins a Cadet la màxima categoria no serà interprovincial*

C. Ajustar l'estrès competitiu a l'edat dels nens

- *Estructures de competició menys piramidals en la iniciació*
- *Donar més importància a aprendre a jugar que a competir*

D. Vetllar per la participació dels nens

- *Tots els nens hauran de jugar un mínim de minuts fins a la categoria Infantil*

E. Aconseguir una competició més formativa

- *Ajustar el període competitiu en el calendari escolar*

Aquestes modificacions en el reglament van causar no només canvis en la estructura de la competició, sinó que a més es van haver d'adaptar tots els camps de futbol de Catalunya per disposar de quatre o sis porteries de futbol set (més petites i baixetes) en els laterals del camp, col·locar xarxes darrere de les mateixes, així com marcar les línies del camp de diferent color (normalment grogues o blaves). També es va variar la mida i pes de les pilotes reduint de la talla cinc a la quatre, i adoptar noves banquetes mòbils, o simples banquetes per als suplents i entrenadors.

Un gran propulsor d'aquests canvis a favor dels joves futbolistes va ser Horst Wein, qui en la seva coneguda obra "Fútbol a la medida del niño" (2004) proposa una sèrie de modificacions en el reglament que afecten directament en el material i els equipaments: pilotes més petites i menys pesades, porteries més petites, distàncies dels terrenys de joc reduïts, etc. Com comenta Wein en la introducció titulada "Encara en l'Edat Mitjana?" del llibre de López (2001: 17):

> *"Les competicions en comptes d'adaptar-se amb les seves regles perfectament al benjamí, aleví, infantil o cadet, els obliguen a adaptar-se a elles. La pressa per apropar les joves promeses al joc dels adults ha resultat amb freqüència en l'adquisició de nombrosos hàbits incorrectes que limitaran en el futur, i ja avui, el rendiment de molts professionals".*

6. El club ha de mantenir bones línies de comunicació amb els pares, el consell esportiu municipal i les escoles

Aquest punt està íntimament lligat al que s'anomena com la *triangulació del jove esportista*. La triangulació no és més que intentar unir tots els llaços possibles entre les diferents estructures que intervenen en la vida d'un jove jugador: família, escola i club de futbol. És la raó fonamental per la qual el club ha de prendre consciència d'aquestes dues bases de la piràmide de la triangulació, conèixer el seu entorn familiar i la seva evolució acadèmica (i educativa) que ajudarà a entendre millor el jugador. Com més coneixement es tingui sobre la vida del jugador, sobre el seu entorn, millor podrem enfocar els nostres esforços a millorar seves capacitats, no només com a jugador de futbol, sinó com a persona.

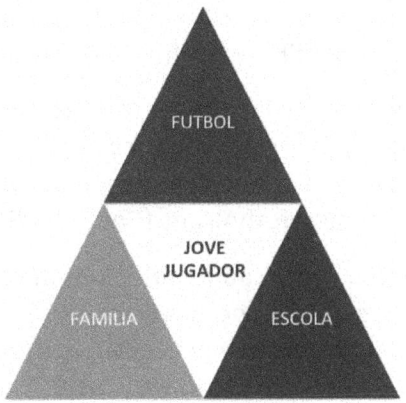

Figura 8. Triangulació del jove jugador.

Cada vegada pren més importància a l'enfoc del procés d'ensenyament-aprenentatge al futbol cap al jugador com a una persona, en la seva globalitat. Un exemple clar d'aquest canvi es dóna en alguns clubs pioners, en què ja introdueixen els estudis, no només en els hàbits diaris dels jugadors, sinó que a més destinen recursos humans i instal·lacions com a sales d'estudi perquè els joves jugadors puguin aprofitar el temps estudiant. Un article en un diari esportiu tracta aquest tema tot visitant la sala d'estudi al planter del Rayo Vallecano (www.marca.com):

> *"Les notes són més importants que la pilota: «Des que tenim l'aula, les notes dels nois i noies han pujat en un 34%, i això ens omple d'orgull», assegura Rubén Sáez, pedagog que està amb els nois totes les tardes: «Quan veus a un juvenil que no*

vol estudiar intentes convèncer-lo ensenyant-li la realitat de la vida. Que torni a estudiar i que pensi en la Universitat és el millor que ens pot passar»".

7. L'opinió dels joves s'ha de de tenir en compte pel club i hi ha d'haver un comitè d'esport juvenil

Aquest últim punt de qualitat s'endinsa de ple en la pedagogia i en els estils d'ensenyament de l'Educació Física. La necessitat de fomentar la participació del jugador en el procés d'ensenyament-aprenentatge, fent d'aquesta manera sentir al jugador que la seva opinió compta, fer que es mostri més comunicatiu amb els tècnics, que les seves decisions i idees aportades al grup seran sempre ben rebudes. D'aquesta manera es poden desenvolupar diferents estils d'ensenyament que vagin en aquesta línia, com el *Descobriment Guiat* i l'*Ensenyament Recíproc* (Martínez, I. 2003).

Relacionat amb això, el conegut professor de l'Escola Nacional d'Entrenadors de Futbol, Santiago Coca, ha tractat en les seves classes i textos temes relacionats amb la pedagogia i, sens dubte, mostra una línia clara de com educar els joves futbolistes (Coca, 2006: 33):

"En les facultats de pedagogia i sociologia sempre s'ha debatut molt el tema de com orientar: d'una manera dictatorial o d'una forma permissiva. La forma dictatorial, autoritària, evita equivocacions però no promou la creativitat perquè els alumnes simplement repeteixen el que diu el mestre, no s'equivoquen però no progressen. En la forma permissiva es permet més llibertat, hi ha més errors, però al final d'aquesta educació hi ha més maduresa responsable perquè el nen que s'ha equivocat i que ha assumit aquests errors es fa lliurement molt més madur. Per descomptat que jo vaig en aquesta última línia de deixar llibertat".

EL FUTBOL BASE A ESPANYA

"En el futbol base, a més de tècnic capacitat per ensenyar a jugar correctament al futbol, he de ser un gran pedagog i un psicòleg molt profund. Mentre practica el futbol, el nen va creant-se el seu propi projecte de vida. I aquest projecte de vida no consisteix només a ser professional del futbol als vint anys, sinó en com ser persona demà".

SANTIAGO COCA

Són diversos els termes que fem servir en llengua castellana a l'hora de parlar sobre el futbol en edats joves, entre d'altres: futbol base, la base, el planter, futbol juvenil, futbol infantil i futbol formatiu.

Moltes vegades aquests termes van associats a grans clubs, per exemple se sol pronunciar a *La Masia* o el *Futbol Formatiu del FC Barcelona*, així com la *Fàbrica del Real Madrid*, o la *Pedrera de Lezama* per a fer referència al futbol base de l'Athletic Club de Bilbao. A més, el terme "jugador del planter" o "jugador de la pedrera" (en castellà "canterano") s'utilitza de forma estesa i és oficial segons la Liga de Fútbol Professional (LFP), qui segueix la normativa de la UEFA definit com: *"Un jugador del planter és aquell jugador que hagi passat tres anys o més en un mateix club, en el temps comprès entre els 15 i els 21 anys d'edat"* (www.laliga.es). De fet, que la paraula s'utilitzi d'aquesta manera té la seva explicació en el seu propi significat, com cita la Real Academia Española: *"Lloc, institució, etc., de procedència d'individus especialment dotats per a una determinada activitat"* (www.rae.es).

La LFP, en el seu últim informe el 12 de març 2015 titulat "Las canteras del fútbol español" (www.laliga.es) destaca l'Athletic Club, amb disset jugadors; la Real Societat amb dotze; i el FC Barcelona amb onze, com els tres conjunts de la Lliga BBVA 2014/15 que més jugadors tenen de la seva pedrera a la primera plantilla. A més, confirma la *Fàbrica* del Real Madrid com el que més jugadors aporta a la Lliga amb vint-i-un, seguit de *La Masia* amb disset i del RCD Espanyol amb dotze.

Aquests són només la punta de l'iceberg dels clubs espanyols que formen futbolistes, avui en dia tots posseeixen pedreres amb més o menys volum de joves jugadors amb l'objectiu d'arribar a debutar en un primer equip i d'acomplir així el seu somni de ser futbolista professional. El futbol base en la majoria dels clubs, sobretot en els més poderosos, fa temps que ha deixat de ser un joc, una forma d'oci. Aquesta motivació per ser futbolista de professió provoca que el futbol base s'hagi convertit en un engranatge professionalitzat amb una mateixa finalitat: captar i formar els nous *cracks* del futur.

No és només una mentalitat dels clubs, sinó que és un tema social que ens envolta per tots els racons del nostre país, és comú escoltar els pares durant els partits dels caps de setmana comentaris com *"Aquest serà el nou Messi"* o *"Guanyarà milions jugant a futbol"*. A això s'afegeixen els representants de jugadors per *caçar* talents pelscamps, xerrant de contractes amb els pares i tractant de portar els seus fills als millors clubs per fer-los acomplir els seus somnis. Bé, enmig de tot això hi ha els joves jugadors, que des de molt primerenca edat comencen a competir pressionats per destacar i guanyar. No aliens a tot aquest moviment social anomenat futbol, els clubs destinen pressupostos milionaris en instal·lacions especialitzades i estructures professionals per formar els millors jugadors.

En parlar d'instal·lacions i equipaments esportius, destaquen les del Real Madrid i del FC Barcelona, ja que a més de les seves extenses dimensions (1.200.000 m2 i 136.839 m2 respectivament), posseeixen nombrosos camps de futbol de gespa artificial i natural, sales de gimnàs, pistes poliesportives, nombrosos vestidors, sales de vídeo, sales de fisioteràpia, bars i restaurants, centre hospitalari propi, i sengles residències per a esportistes (www.realmadrid.com i www.fcbarcelona.es). Són nombrosos els clubs que posseeixen ciutats esportives de qualitat, entre d'altres: Athletic Club de Bilbao, Villareal CF, Valencia CF, Rayo Vallecano i Sevilla CF.

Pel que fa a l'estructura, posseeixen diverses àrees especialitzades com l'àrea de captació de talents, àrea de rendiment esportiu, àrea de preparació física, àrea mèdica, àrea de metodologia (tan de moda a aquests temps), àrea de porters, etc. També trobem cada vegada més persones millor preparades en cada àrea per educar, formar i cuidar els joves: graduats en ciències de l'activitat física, en mestre d'educació física, en fisioteràpia, en medicina, en psicologia, titulats en entrenador de futbol (nivells I-II-III), en coordinació i direcció esportiva, etc.

Això confirma perquè els pressupostos de les pedreres són en alguns casos milionaris, per exemple en la temporada 2015/16 trobem que els més elevats estan encapçalats pel FC Barcelona amb uns 25 milions d'euros, el 4% del seu pressupost total, i el Real Madrid amb 16M €, el 2,7% del total. Altres clubs com el Villarreal CF, 8M €, el 10% del total, i el RCD Espanyol 4,5M €, el 9,2%, aquest últim a la temporada 2014/15.

Per aquesta raó els clubs ja no ofereixen només sessions d'entrenament, sinó que a més destinen aquests recursos comentats per tenir cura de la persona d'una forma cada vegada més holística. Barrejar estudis amb futbol era inviable, el jove venia a jugar a futbol i punt. Ara això ja no és així, o no hauria de ser-ho sobretot per a les grans entitats, de les quals s'espera una professionalització de totes les seves àrees. Ara els clubs són conscients de la importància de conèixer l'evolució acadèmica dels seus joves jugadors, d'ajudar-los en la seva formació com a jugador però també com a persona. Molts disposen de psicòlegs i educadors que vetllen per l'educació i l'adequat desenvolupament social del jove, sobretot aquells clubs amb residència per a joves esportistes. Abans, si el jugador es feia mal s'enviava directament al metge de l'hospital contractat per l'assegurança de la federació; si necessitava d'un fisioterapeuta els pares solien buscar-se la vida per contractar-ne un, ara els clubs gaudeixen de serveis sanitaris, millors o pitjors, però sempre hi ha algun professional de la sanitat a prop de les activitats físic-esportives.

També era difícil trobar entrenadors titulats i fàcilment podien ser els pares. Ara els entrenadors i coordinadors estan obligats per les federacions a ser formats i amb la seva titulació pertinent al dia, fins i tot el club ha d'inscriure a la federació local totes les persones que s'asseuen a les banquetes els caps de setmana, demostrant la seva titulació a l'àrbitre abans del partit (primer, segon entrenador, preparador físic, delegat, serveis mèdics). Un gran defensor del futbol base espanyol ha estat sempre Laureano Ruiz, mític entrenador de les categories inferiors del FC Barcelona els anys setanta i vuitanta fins arribar al primer equip, qui per aquell temps (de forma visionària) es queixava amargament de com es desenvolupava el futbol base a Espanya (1986: 266):

> "Cal destacar que els equips grans, ja que ningú es preocupa per la base del futbol, estan obligats a realitzar un treball de formació, encara que aquests jugadors després els aprofitin els equips de la regió. Les generacions actuals no es formen lliurement com fa unes dècades. Avui la formació del futbolista és una mica delicada i planificada que ha de començar en el nen i molt aviat ja que, com diu Tonucci, hi ha múltiples raons fisiològiques, psicològiques i pedagògiques, que ens diuen que el nen de deu a tretze anys

aprèn amb més facilitat que el de tretze a quinze. Per a ells es poden saltar etapes i han de ser ben dirigits des del començament, ja que si aprenen bé, aquest aprenentatge els servirà per sempre.

Per això necessita entrenadors capacitats i no persones de bona voluntat. Si la Federació i l'Estat no es preocupen d'aquest futbol, qui ho ha de fer, sinó els grans clubs? Encara que només sigui per propi egoisme, ja que si no ho fan, d'on sortiran i com es formaran els jugadors que després fitxaran, a cop de talonari?".

Johan Cruyff, reconegut amant del futbol base i que tant ha aportat a un estil propi de joc al FC Barcelona, i a la resta del món, dóna una opinió al respecte de la titulació obligatòria dels entrenadors, com sempre peculiar i original (2002: 38):

"Fa uns mesos, per exemple, a Holanda es va decidir que tots els equips amateurs tinguessin un entrenador titulat. Quan em van preguntar: Què et sembla la mesura, Johan?, no vaig poder evitar respondre: fatal. Per què? Doncs perquè aquest entrenador no fa més que aplicar el que diu el llibre del curset de torn. Per què no permetre que, en les categories inferiors, siguin els nois més grans que toquen la pilota i estan enamorats del futbol els que ensenyin? Aquests que, a més de transmetre'ls la tècnica, els transmetin també el amor i el respecte pel futbol i els seus detalls. Què fa l'entrenador professional i titulat? Doncs el més lògic, intentar guanyar com sigui per ascendir en l'escalafó i obsessionar-se pel resultat perquè ha de fer mèrits per pujar. I que consti que em sembla correcte que, a partir de determinada edat, es deixi la direcció dels equips en mans d'entrenadors professionals. Però posa'ls a partir de catorze anys, no abans! Deixa'ls jugar, punyetes! Que gaudeixin!".

QUÈ ÉS UN ENTRENADOR I UN SEGON ENTRENADOR DE FUTBOL BASE

"Guanyar és important, però no és el més important".

LAUREANO RUIZ

L'ENTRENADOR DE FUTBOL BASE

Ja fa anys que, per a molts autors, està ben arrelada la idea que els entrenadors de futbol base no han de focalitzar els seus esforços únicament a aspectes basats en l'entrenament i rendiment del futbol, sinó que han de posar sobre la taula uns valors i una educació que serveixi als joves esportistes per a la seva condició com a persona, per a la seva vida en general.

Per a Koch i els seus col·laboradors (1996: 18) l'entrenador en futbol base no es dedica només als resultats: *"Nosaltres no eduquem els joves esportistes només per al seu debut al camp de futbol, sinó també per a la vida en general"*. A més, donen molta importància a uns valors que han de determinar l'ambient del grup d'entrenament, que són la lleialtat, la sinceritat, l'honradesa, la participació, la disposició a ajudar, la humilitat, l'amabilitat, la puntualitat, la constància, la diligència, l'autonomia i la confiança en un mateix.

Pacheco destaca que formar joves futbolistes és una activitat pedagògica molt atractiva però exigent que no només s'ha de centrar en les habilitats purament esportives (2004: 41):

> *"La formació esportiva és un procés globalitzant que no només busca el desenvolupament de les capacitats específiques (físiques, tàctiques-tècniques i psicològiques) del futbol, sinó també la creació d'hàbits esportius, la millora de la salut i l'adquisició d'un conjunt de valors, com són la responsabilitat, la solidaritat i la cooperació, que contribueixen a la formació integral dels joves".*

Anomena els entrenadors de futbol base com a *educadors/entrenadors*, i planteja que el seu objectiu principal és contribuir a la formació dels joves tot incentivant sempre el desig i el gust per la victòria. A més aporta una llista amb els objectius específics que han de marcar-se (Pacheco, 2004: 45-46):

- *Conèixer bé als joves que entrena, així com les característiques de les seves diferents fases de desenvolupament.*
- *Contribuir al desenvolupament de les capacitats específiques (físiques, tàctiques-tècniques i psicològiques) del futbol, d'acord amb les capacitats i les necessitats dels joves.*
- *Contribuir a una formació general i integral del ciutadà comú.*
- *Promoure el gust i l'hàbit per a la pràctica esportiva, proporcionant plaer i alegria als joves jugadors a través de les activitats que s'hi desenvolupen.*
- *Dirigir les expectatives dels joves i dels seus familiars d'una manera realista.*
- *Dirigir les seves accions, donant-los un valor fonamental a l'esforç i al progrés en l'aprenentatge i col·locant en primer lloc els interessos dels atletes i, només després, les victòries de l'equip.*

No cal dir que els entrenadors han d'actuar sempre com un exemple en tot moment davant dels jugadors; si es pretén aportar valors i preparar els joves per a la vida del futur, no n'hi haurà prou només amb proposar-ho a la resta, cal donar exemple amb un mateix. Tant el primer com el segon han de mantenir un comportament exemplar amb els altres en tot moment. Si bé és cert que les tensions de la competició poden alterar el comportament sobretot del primer per la responsabilitat directa dels resultats immediats. Per això el segon ha de ser sempre qui mantingui la calma i ajudi també al primer en aquesta faceta de donar exemple. I és que la influència que tenen els tècnics sobre els joves és tan forta que la responsabilitat per la nostra part és molt gran. Segons Pacheco (2004: 44):

"L'entrenador és un dels referents més potents per a la identificació d'un jove. Simbolitza la força, la capacitat competitiva i la independència que els joves busquen aconseguir desesperadament".

En aquest sentit, Bucher i Bruggman (2005) afegeixen que els entrenadors no substitueixen als pares però, a ulls dels nens, el poden veure com a un pare. I és que la forma en que aquests tracten als seus jugadors, com els parlen i els valors que ressalten, serveixen d'exemple pels nens en les relacions amb els companys. A més, esperen dels seus entrenadors que sàpiguen jugar bé al futbol, que els entenguin i que ho demostrin constantment amb entusiasme, afecte i confiança, sense preferències. El que esperen els nens d'ell és que tingui en consideració a tots per igual, tot mostrant una atenció personalitzada i individualitzada, evitant d'aquesta manera judicis generalitzats.

A la pàgina web de la FIFA dedicada al futbol base, Programa Grassroots (grassroots.fifa.com), es pot descarregar un document *pdf* traduït al castellà molt detallat descrivint com ha de desenvolupar-se segons la FIFA el futbol base. Trobem múltiple informació com exercicis i sessions d'entrenaments; estructures, planificacions i programacions; a més, planteja una sèrie d'objectius de l'educador de futbol:

- *Gaudir treballant amb nens*
- *Tenir un perfecte coneixement dels nens*
- *Ser un punt de referència per a ells*
- *Ser exigent i tolerant alhora*
- *Saber escoltar*
- *Comunicar contínuament*
- *Donar-los confiança i seguretat*
- *Desenvolupar l'esperit d'equip*
- *Fomentar les iniciatives individuals i l'assumpció de riscos*
- *Destacar l'"esperit del joc" per sobre dels errors*
- *Practicar una pedagogia del suport*

També veig oportú comentar el curiós apartat de *"El que ha d'evitar fer"* un educador de futbol, aspectes que faran que més d'un entrenador de futbol base es posi les mans al cap quan faci un exercici d'introspecció personal després de llegir els següents onze punts:

- *Cridar constantment o ser agressiu*
- *Voler formar-los o demanar-los jugar com si es tractés d'adults*
- *Oblidar la motivació principal dels nens, que és jugar al futbol*
- *Donar explicacions massa llargues*
- *Proposar objectius tècnics ambiciosos per la seva edat*
- *Organitzar exercicis repetitius*
- *Perllongar massa estona un mateix exercici*
- *Interrompre el joc constantment*
- *Criticar un participant davant la resta del grup*
- *Oblidar d'equilibrar els equips*
- *Donar-li massa importància al resultat*

D'aquesta manera, el document de la FIFA configura un perfil ideal d'entrenador-educador de futbol base descrivint-lo com una persona propera i atenta al jove jugador, el qual utilitza activitats per instruir i formar els nens, que insisteix en el costat lúdic i organitza sovint petits partits. Aborda tots els àmbits de l'entrenament, assumeix tots els deures pedagògics, ofereix un ensenyament adaptat al nivell dels participants i els escolta. També ajuda als més joves a madurar, a convertir-se en homes/dones, és responsable de la seguretat i dels primers auxilis, els orienta i els serveix de model, d'exemple; alhora que està en contacte amb la família o l'escola.

EL SEGON ENTRENADOR DE FUTBOL BASE

El segon d'un equip de futbol base, que ha de tenir les mateixes característiques pedagògiques recentment explicades sobre el primer entrenador, penso que, a més, ha de centrar-se d'una manera més individualitzada sobre el jugador. El seu objectiu ha de ser, no només donar suport en la part futbolística al míster, sinó que ha d'enfocar gran part del seu treball en conèixer i ajudar els jugadors del seu equip.

D'aquesta manera, i com s'aprecia a la Fig. 9, la seva tasca és bidireccional. Ha de centrar-se en atendre dues dimensions dins d'una mateixa realitat: suport a l'entrenador per al *rendiment esportiu de l'equip* i prestació d'un *seguiment individualitzat del jove jugador*.

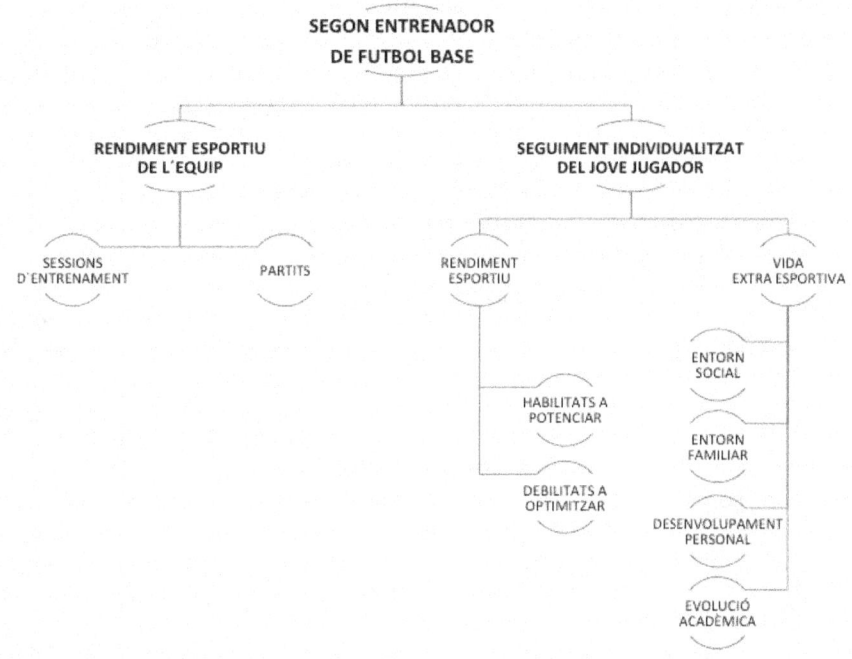

Figura 9. Dimensions que ha d'atendre el segon entrenador de futbol base.

Rendiment esportiu de l'equip

Aquesta primera dimensió lliga estretament el segon entrenador al seu primer, ja que el tècnic principal ha de guiar-lo en el seu treball per millorar el rendiment global de l'equip. Com es ve comentant, la responsabilitat del procés d'ensenyament-aprenentatge del futbol i dels resultats de l'equip sempre recauen sobre el primer entrenador, és per això que ha de saber guiar al seu segon en les tasques que li encomani. Cal recordar que cada entrenador crea el perfil del seu segon, li dóna unes funcions i responsabilitats específiques amb la màxima confiança, i aquestes van dirigides a ajudar a trobar l'òptim rendiment dels seus jugadors. Treballa en la vessant purament futbolística dins dos contextos diferents: les sessions d'entrenament i els partits. Tot allò que té a veure amb tàctica, estratègia de partit, ABP, convocatòries i alineacions, tasques d'entrenament, planificació dels continguts, etc.

Seguiment individualitzat del jove jugador

La segona dimensió és una tasca més desvinculada del seu entrenador i que el lliga als jugadors de l'equip. L'objectiu d'aquesta és conèixer-los en profunditat, no només a nivell esportiu, sinó que ha indagar en els seus aspectes personals. A nivell esportiu ha de treballar per potenciar les seves habilitats; així com optimitzar les seves debilitats. Pel que fa a l'apartat extra esportiu, ha d'analitzar els seus antecedents esportius i familiars, saber com és la seva evolució acadèmica, estar en permanent contacte amb ambdues parts de la piràmide de la triangulació: família i escola. Per això, el segon realitza un treball extra que està fora del terreny de joc i que només busca un objectiu: ajudar al jugador en la seva evolució com a persona i com a futbolista.

Sens dubte que la informació que s'obtingui a través d'aquest profunda anàlisi, la podrà compartir amb el seu entrenador en benefici del rendiment de l'equip. Saber quin tipus d'informació aportar, en quines condicions i moment, serà una de les tasques més complexes del segon. Els seus coneixements i relació amb l'entrenador, l'experiència, la saviesa i el sentit comú, seran clau perquè el maneig de la informació obtinguda sigui el més eficient per a totes les parts interessades. Sempre hi haurà debat entorn a aquest últim punt sobre el domini de la informació. Quins interessos anteposem primer? Les del jugador pel seu bé personal o les del grup com a equip? Dependrà de cada situació i moment. És una part molt bonica del futbol.

A continuació es descriuen detalladament les dues dimensions que el segon entrenador, segons la meva manera de veure el futbol base, ha d'atendre en l'exercici de la seva professió. La primera dimensió es basa en millorar el rendiment esportiu de l'equip, el que la gran majoria de segons destinen els seus esforços, deixant de banda el que és per a mi la més important, la segona dimensió. Aquesta es centra en la formació i educació del jove esportista d'una forma individual i integradora.

Des de les pàgines del llibre animo als segons entrenadors que es vegin reflectits en la primera dimensió a descobrir en la segona tot el que s'estan perdent. Tot el que els seus joves esportistes s'estan perdent dels seus tècnics.

RENDIMENT ESPORTIU DE L'EQUIP

"Si estàs a l'àrea de penal i no saps què fer amb la pilota, fica-la a la porteria i després debatrem les opcions".

BILL SHANKLY

El segon entrenador de futbol base és un suport fonamental per al tècnic. Ho és per molts motius, el més comú és que l'ajuda en el rendiment esportiu de l'equip mitjançant el seu treball i col·laboració directa amb ell. El segon pot realitzar els escalfaments de sessions i partits, pot desenvolupar totes les ABP de l'equip, pot entrenar un grup de jugadors mentre l'entrenador està amb un altre grup, pot treballar en portar un control exhaustiu dels minutatges i diferents estadístiques que ajuden al control de l'equip, i així un gran etcètera.

Les funcions d'un segon en etapes de formació poden ser imposades pel club, pel míster o consensuades entre tots dos. Però sempre hi ha d'haver un acord formal entre ells a l'hora de repartir-se el treball; la responsabilitat final del procés és sempre del tècnic principal, mentre que el segon és el seu suport. És per això que les seves funcions han de quedar ben clares abans de començar, o si no, anar-les polint a mesura que avança la pretemporada. Per tant, les tasques d'un segon vénen diferenciades segons estiguem en una sessió d'entrenament o en un partit de competició.

SESSIONS D'ENTRENAMENT

Tantes coses pot realitzar un segon entrenador en un entrenament com un primer. De fet, quan el tècnic principal no pot assistir a una sessió per qualsevol motiu, és el segon qui es fa càrrec de dirigir la sessió. Com ja s'ha argumentat, és el tècnic qui guia el treball del seu ajudant. Ha de proposar-li una sèrie de funcions i rols que seguirà per millorar el rendiment de l'equip. Moltes d'aquestes tasques que li encomani seran, en part, depenent del perfil de segon que disposi. Si és, per fortuna, un assalariat del club, podrà dedicar-se plenament a les tasques de l'ofici, vindrà a cada sessió i cada partit essent una part molt activa del procés. Però si, per desgràcia, és un amic que ve a ajudar al tècnic sense sou ni grans responsabilitats cap a l'equip, n'hi ha que "donaran" el seu temps de forma altruista, però d'altres no.

L'entrenador ha de saber dirigir les responsabilitats i els rols de segon en funció de les seves motivacions, condicions i experiència. Pot delegar multitud de tasques dins d'una sessió d'entrenament, entre elles:

- Escalfament o part inicial de la sessió (si no es disposa d'un preparador físic)
- Dirigir el desenvolupament de qualsevol tasca d'un grup quan l'equip es divideix en dos
- Estar a sobre de les consignes específiques que el tècnic li ha proposat durant una tasca i aportar *feedbacks* constantment als jugadors
- Parlar de forma individual amb els jugadors en moments de la sessió que siguin favorables per conèixer diferents aspectes d'ells mateixos, d'altres companys o de l'equip en general
- Observar el procés des d'un punt de vista més pausat i calmat, veient el desenvolupament de les tasques amb la major objectivitat possible
- En cas contrari, pot desenvolupar ell mateix qualsevol de les tasques que el seu entrenador li encomani mentre aquest observa atentament el seu equip entrenant
- Dirigir i ajudar amb el material als jugadors
- Ajudar en l'organització general de les sessions preparant les tasques sobre el terreny de joc
- Realitzar els grups o equips de les tasques repartint els petos
- Apuntar en el full d'entrenament els resultats de qualsevol de les tasques competitives, portant d'aquesta manera un control de les diferents competicions que es fan en la sessió
- Apuntar en el full d'entrenament qualsevol cosa que vegi i que vulgui comentar al final de la sessió al seu entrenador
- Preparar i dirigir les ABP ofensives i defensives de l'equip, fent-se així responsable d'aquest tipus d'accions que es duran a terme després en la competició
- Preparar i dirigir les tasques amb un aspecte més condicional (si no es disposa d'un preparador físic)
- Quan es treballi l'estratègia de partit en una situació d'onze contra onze, fer d'entrenador de l'equip rival, proposant la mateixa manera de jugar que tindrà l'adversari en la competició i que coneixem

- Realitzar la tornada a la calma (si no es disposa d'un preparador físic)

També el segon pot ajudar en el control de l'equip mitjançant un treball extra, fora dels terrenys de joc i amb l'ajuda de la tecnologia. És cert que es poden disposar de programes informàtics complexos i amb un cost elevat, però amb un simple full de càlcul de *Microsoft Excel®* es poden fer meravelles. Podem dur un control de:

- Dades personals dels jugadors
- Calendari de la temporada
- Planificació i periodització de tot tipus de continguts i objectius
- Memòries de les sessions d'entrenament
- Control de la càrrega d'entrenament
- Assistència als entrenaments
- Estadístiques de les diferents competicions durant la sessió (partits curts, tasques de rematada, tasques de possessió de pilota, etc.)

PARTITS

En el transcurs dels partits, abans i també després, el segon entrenador és una peça clau per al rendiment de l'equip. Aquest pot intervenir de forma indirecta mentre transcorre el joc tot xerrant amb el seu tècnic a la banqueta sobre aquelles coses que veu que es poden millorar, o de forma directa donant instruccions als jugadors en el terreny de joc.

Amb el seu entrenador pot realitzar multitud de coses relacionades amb la competició. Les seves tasques poden estar preestablertes per tots dos, o bé poden sorgir de forma espontània. Per exemple, alguns dels aspectes a treballar pel segon en la competició són:

- Estar atent a la puntualitat dels jugadors sobre l'hora de convocatòria
- Si es juga a domicili; organitzar el viatge, portar un control dels que van en autobús i els que van directes al camp
- Encarregar-se de les fitxes dels jugadors amb l'àrbitre (si no es disposa de delegat)
- Realitzar l'escalfament del partit (si no es disposa d'un preparador físic)

- Observar i analitzar el joc del rival (tàctica, estratègia de partit, pilota parada, punts forts, punts febles, jugadors destacats, etc.)
- Focalitzar l'atenció en el propi equip a nivell defensiu
- Focalitzar l'atenció en el propi equip dels jugadors allunyats a la pilota
- Recollir estadístiques del rendiment de partit en directe (targetes, gols, canvis, pilotes recuperades, pilotes perdudes, etc.)
- Dirigir l'organització de l'equip en les ABP ofensives i defensives, així com parlar amb els jugadors en les substitucions sobre les seves posicions i responsabilitats d'aquest tipus d'accions
- Realitzar les substitucions de jugadors (si no es disposa de delegat)
- Atendre a l'àrbitre a finalitzar el partit i recollir l'acta (si no es disposa de delegat)
- Anàlisi post partit amb l'entrenador
- Parlar o animar a aquells jugadors que han jugat menys minuts i als que no han fet un bon partit, estar a prop dels jugadors davant les derrotes, etc. (sempre consensuant amb el primer entrenador)

Igual que en les sessions d'entrenament, el segon pot ajudar en el control de la competició mitjançant un treball informàtic amb un nou full de càlcul de *Microsoft Excel®*. Entre moltes altres qüestions, pot portar el control de:

- Convocatòries i minutatges dels jugadors
- Control de la càrrega de competició
- Control de les targetes
- Golejadors
- Estadístiques de com són els gols marcats i encaixats
- Estadística de les pèrdues i recuperacions de pilotes
- Estadístiques de les ABP i dels gols a pilota parada

El segon de futbol base també ha d'estar disposat a realitzar el que el seu entrenador li demani fora de l'horari propi de l'equip. Si una d'aquestes tasques és anar a veure partits dels rivals per conèixer-los millor, i realitzar si fos necessari un informe, el segon haurà de saber-ho fer. El mateix passa amb el scouting de jugadors per poder ampliar i millorar la plantilla.

Abans de tancar aquest capítol sobre la primera dimensió em permeto el luxe de reiterar que la majoria de segons entrenadors treballen simplement dedicats únicament i exclusivament al rendiment de l'equip. Sense parar-se a pensar en la formació del jugador, sense analitzar profundament per fer-ho millor cada dia. L'únic focus d'atenció és l'equip en conjunt, i no els jugadors de forma individual. Això passa sobretot en clubs sense pressupost per poder pagar segons entrenadors, que són la majoria si descartem els clubs de primera i alguns de segona divisió. El segon que no està mentalitzat, orientat i motivat des d'unes directrius molt clares per part del club, no sol dirigir el seu treball d'una forma individual al jugador, tan sols recolza en el que el seu tècnic li indica per al rendiment directe de l'equip. La seva major preocupació és guanyar. L'ara per sobre del futur, el rendiment immediat abans que la formació a llarg termini.

Aquesta és la realitat del futbol base a Espanya, i ho sé per pròpia experiència. I és que desgraciadament hi ha molts clubs que no poden o no fan l'esforç de pagar un sou a un segon entrenador. Els clubs modestos, que amb prou feines prometen complir amb el sou de seus tècnics principals, no solen aportar cap compensació econòmica als segons. La comptabilitat d'un club de futbol base que hauria de dedicar tots els seus beneficis als seus propis jugadors de la base i no al seu equip amateur, hauria de ser sempre en positiu. Si es volgués per voluntat, es podria pagar un sou com a mínim significatiu als segons que compleixen treballant per als equips de la base del club.

A causa d'aquesta deficiència sempre important, molts tècnics no disposen d'un segon entrenador que pugui estar al cent per cent per l'equip i pels nois, això explicaria perquè sol ser un amic de confiança qui ve a donar un cop de mà. Aquest, com es pot compendre, no sol assistir a tots els entrenaments però si normalment als partits de lliga i en alguns tornejos. Sol ajudar amb les fitxes, l'àrbitre, amb el material, amb algunes indicacions des de la banda i amb consells a cau d'orella del tècnic.

Un altre tipus de segon entrenador és aquell jugador del club (juvenil, filial o primer equip) que vol començar a aprendre o està de pràctiques estudiant el curs d'entrenador. Aquest fa de suport al tècnic, bàsicament quan pot, és un perfil motivat, jove, encara en actiu, molt proper al jugador per la seva edat, i que fins i tot sol participar com a jugador en els entrenaments tot realitzant els exemples de les tasques per la resta de l'equip. Certament, i sempre segons les indicacions del tècnic principal, no sol tenir moltes funcions ja que està en fase d'aprenentatge inicial, però la seva sola presència a les sessions i a la banqueta durant els partits, és una bona ajuda per a tothom.

Aquesta realitat és significativa, ja que diu molt de la importància real de la presència d'un segon. Tot aquell que ha entrenat un equip de futbol base, sempre ha acabat necessitant ajuda. Assisteixi més o menys, estigui millor o pitjor preparat; però sempre hi ha algú que acompanya un entrenador; sigui quin sigui el nivell del club i de l'equip, el primer, segons el meu punt de vista, ha de guiar al seu segon més enllà dels resultats deixant de banda el rendiment immediat abans que la formació a llarg termini.

Aquest context es pot entendre com a natural sense unes directrius marcades per la coordinació del seu club i sense un sou mínim. D'aquesta manera resulta difícil treballar en la direcció que proposo mitjançant la present obra, tan sols el primer entrenador haurà, per la seva pròpia voluntat i fe, de no donar únicament tasques de rendiment al seu segon, sinó iniciar-lo i orientar-lo cap al seguiment individualitzat del jove jugador.

SEGUIMENT INDIVIDUALITZAT DEL JOVE JUGADOR

*"M'hauria agradat fer INEF o alguna cosa semblant.
És un error no tenir més sortides quan deixi el futbol".*

XAVI HERNÁNDEZ

La figura del segon entrenador de futbol base ha de ser una persona que ha d'estar sempre disposada a ajudar en tots els aspectes al jugador, en la globalitat de la persona, no només en allò relacionat amb el futbol. Per una part, ha de treballar al costat del primer entrenador per aconseguir l'òptim *rendiment esportiu del jugador* i, per altra, ha de conèixer en profunditat la seva *vida extra esportiva*. Tractar al jove jugador de futbol com a persona que és i que ve a participar en un esport d'equip, en el qual haurà d'aprendre uns valors esportius i socials que l'ajudaran en el desenvolupament de la seva vida personal.

Treballar per a un club com el FC Barcelona té innombrables avantatges però, per a mi, una de les millors és tenir la fortuna de conèixer a grans persones i professionals que formen part de la seva estructura. No podria escriure aquest capítol sense anomenar dues d'elles que m'han influenciat directament sobre la meva forma d'entendre avui dia l'entrenament i el tracte amb el jove jugador. Ells són Josep Segura i Sergio Vallecillo. Segura, actual coordinador del filial i dels equips juvenils del FC Barcelona, perquè ha fet canviar la meva manera de veure l'entrenament i el rendiment del jove futbolista, basant-se en el procés d'ensenyament i aprenentatge de cada jugador d'una forma individual i específica; i Vallecillo, des que va ser el meu segon amb els infantils blaugrana, perquè em va ensenyar a com ajudar a cada jugador en l'extra-esportiu, a preocupar-se per ells més enllà del que fan des que es vesteixen de jugadors. No és casualitat que ara per ara sigui el Coordinador de *La Masia* blaugrana.

RENDIMENT ESPORTIU

Primer de tot cal diferenciar el rendiment esportiu de l'equip com a conjunt, del rendiment esportiu del jugador com esportista. Aquest capítol descriu com treballar sobre el jugador de forma individual, encara que es tracti d'un esport d'equip com és el futbol.

Aquesta és la línia de treball i la proposta de Josep Segura al Barça "B" i als juvenils blaugranes. Segura aposta fort per un entrenament el més individualitzat possible del jove jugador, per atendre les seves necessitats específiques. Parteix d'una idea de base: perquè un jugador millori les seves prestacions i el seu rendiment s'ha de treballar amb la voluntat de millorar el jugador, prioritzant-ho per sobre dels resultats de l'equip. De fet, aquesta proposta és una novetat dins d'un esport tan col·lectiu com és el futbol.

Sempre s'ha dit que l'equip és el més important, que el rendiment del conjunt depèn de la unió de tots els seus membres, i sembla difícil posar això en dubte. Es sol relacionar un equip guanyador a una família, a la unió del grup, a la bona relació i convivència dels jugadors, quan tots van a una i en la recerca d'un objectiu comú. Segur que us sona això de que un jugador pot guanyar un partit, però un campionat el guanya l'equip.

Això no vol dir que es pugui adaptar, dins d'aquesta idea de joc col·lectiu, un punt de vista d'un entrenament individualitzat en etapes de formació. No vol dir que la prioritat del treball dels tècnics sigui la formació de cada un dels seus jugadors de manera específica en cada cas. Si el gran objectiu d'un entrenador de futbol a etapes de formació és, com diu la mateixa paraula, formar; Per què els tècnics de base dediquen la major part dels seus esforços únicament a que l'equip guanyi els partits?

Sens dubte que, a ulls de la gran majoria, un bon entrenador de futbol base és aquell que fa guanyar al seu equip, però una altra línia de pensament ben diferent és aquell entrenador que s'esforça a formar cadascun dels seus jugadors, a ensenyar-los i corregir-los aquelles coses que no fan bé com a futbolistes i a potenciar el que sí realitzen correctament. En poques paraules, si un tècnic de futbol base i el seu segon no realitzen un seguiment individualitzat dels seus jugadors, si no treballen dia a dia per intentar millorar els seus jugadors per sobre dels resultats de l'equip, no són els entrenadors de futbol base que aquí intento descriure.

El seguiment individualitzat se centra bàsicament en el que destaca i en el que no fa bé com a jugador de futbol. Com a mètode de seguiment individualitzat ha de distingir-se entre:

- Habilitats a potenciar

- Debilitats a optimitzar

Es diferencien en els jugadors aquelles coses que saben fer bé de les que han d'optimitzar. Primer perquè les coneguin i siguin conscients, i després perquè siguin capaços de posar-ho en pràctica en les sessions d'entrenament i partits de competició.

Habilitats a potenciar

Les habilitats són aquells trets propis i característics del jugador, el que fa bé, pel que destaca dins el terreny de joc. Principal causa per seguir entrenant-ho, perquè continuïn sent els seus punts forts.

Tot jugador, com qualsevol esportista i persona en general, sigui quina sigui la seva edat, procedència i condició; té unes habilitats pròpies que desenvolupa amb major eficiència per sobre d'altres. Hi ha esportistes que són, de per si, més ràpids que d'altres, com n'hi ha de més alts, més àgils o més forts. A més n'hi ha que mostren una intel·ligència en els terrenys de joc superior a la resta, d'altres s'adapten a les situacions noves amb més facilitat, n'hi ha que llegeixen abans que ningú i fins i tot prediuen el que passarà per un marcat sentit de la intuïció, entre d'altres. Quan una persona destaca per sobre de la resta en una habilitat, es diu que té un talent.

El talent és, segons la RAE (Real Academia de la Lengua Española) *"una persona intel·ligent o apta per a determinada ocupació"*. En futbol, quan s'apunta que un jugador és talentós o que posseeix un talent, fa referència a aquell tipus de jugador que destaca de la resta a ulls del aficionat moltes vegades, però d'altres no. Un tema sempre obert a conversa és, si el talent neix o es cultiva.

Debilitats a optimitzar

Les debilitats són tot aquell conjunt de mancances que té com a jugador, el que haurà de millorar de forma conscient al llarg de les sessions d'entrenament, en els partits i mitjançant sessions de vídeo i anàlisi individualitzada. Cada esportista té les seves mancances, els seus punts febles o insuficiències, que com a entrenador també ha de detectar i treballar de forma individual amb el jugador perquè les conegui i amb el pas del temps, a poc a poc, les vagi polint. Si bé és cert que mai es pot millorar tot allò que un es proposa del jove jugador, i si es suma el que no s'arriba a detectar, o bé per falta de criteri o per falta d'experiència com a tècnic, molts jugadors progressen més lentament del que ens agradaria.

Tots coneixem jugadors que segueixen cometent els mateixos errors des d'alevins fins a juvenils, i que arriben a ser fins i tot professionals amb les mateixes mancances. La pregunta és la següent: Es deu a la inexistència de treball individualitzat sobre el jugador?, per falta de coneixements per part dels entrenadors?, o simplement el jugador és incapaç d'optimitzar aquestes debilitats?

Des del punt de vista del llibre, s'aposta fortament pel treball individualitzat sobretot del segon entrenador sobre el jugador. El jugador entén que se li està prestant una atenció focalitzada exclusivament per a ell, que els tècnics estan mostrant interès perquè ell millori. És conscient que se'l vol ajudar, que se li està molt a sobre; i això sens dubte crea uns llaços de dependència amb el club. El que s'anomena com a sentit de pertinença cap al club. El jugador ha d'arribar a un acord d'implicació per part seva, i no només pel seu bé, sinó també pel del equip, de l'entrenador i del club. Ha d'intentar millorar en el que s'ha proposat. Això és un repte personal. Un altre més, aquest dirigit sobretot a ell mateix, però també cap als seus tècnics i equip.

Sens dubte que la teoria de l'*Entrenament Estructurat* que proposa Paco Seirul·lo pot ajudar a analitzar, categoritzar i treballar les diferents habilitats i debilitats dels jugadors gràcies al seu enfocament de les estructures dissipatives dels éssers humans. Com descriuen Reverter *et al.* (2015: 19) analitzant els fonaments de Seirul·lo sobre l'educació motriu:

> *"Podem interpretar a la persona de l'esportista com una estructura hipercomplexa configurada per interaccions i retroaccions entre les estructures: condicional, coordinativa, cognitiva, socioafectiva, emotiu-volitiva, creatiu-expressiva, mental, bio-energètica. Cal considerar cada estructura com la manifestació de processos subjacents. És a dir, que els processos, tota un xarxa de relacions dinàmiques entre sistemes, es manifesten a través de les que anomenem estructures".*

Mitjançant aquestes estructures dissipatives es pot realitzar un seguiment exhaustiu dels joves jugadors, intentant potenciar aquells talents que ja posseeix, i optimitzar les debilitats. El primer pas és confeccionar una plantilla de seguiment que ens ajudi a detectar i analitzar allò que fa bé i el que no fa tan bé i descriure-ho dins de les diferents estructures.

Per exemple, es pot fer una plantilla *Microsoft Excel®* (fig.10) en la qual es reflecteixi per estructures les habilitats a potenciar i les debilitats a optimitzar. Un cop analitzat i descrit en la plantilla de seguiment, cal fer al jugador coneixedor de les seves característiques, que sigui conscient del que s'ha avaluat com el que fa bé i el que no fa tan bé. Ell ha de formar part activament d'aquest procés d'ensenyament-aprenentatge esportiu. No només ha de conèixer el que es treballa per ell, cal fer-lo partícip. Com fer-ho? Sens dubte hi ha diverses maneres. Una d'elles és l'autoavaluació del jugador. En la mateixa plantilla es pot afegir els dies d'entrenament i partit, i que cada dia el jugador s'autoavaluï aquells aspectes que es treballen amb ell de forma específica.

EQUIP	Cadet "A"	
NOM DEL JUGADOR	J.V.A.	
POSICIÓ	Extrem esquerra	
LATERALITAT	Esquerrà	
ESTRUCTURES	**HABILITATS A POTENCIAR**	**DEBILITATS A OPTIMITZAR**
ESTR. CONDICIONAL	Velocitat en carrera	
ESTR. COORDINATIVA	Regat en carrera	Control amb cama allunyada no hàbil
ESTR. COGNITIVA	Finalització a porteria	Posicionament al camp
ESTR. SOCIO-AFECTIVA	Comunicatiu al terreny de joc	
ESTR. EMOTIU-VOLITIVA	Motivat por millorar com futbolista	
ESTR. CREATIU-EXPRESSIVA		Mal caràcter al canviar-lo durant el partit
ESTR. MENTAL	Ambiciós i guanyador	
ESTR. BIO-ENERGÈTICA		

Figura 10. Plantilla Excel per al seguiment individualitzat del rendiment esportiu del jugador.

Per treballar sobre les seves habilitats i debilitats, és lògic que no arriba només que el jugador les conegui, cal també proposar una sèrie de tasques dins de l'entrenament i fora d'ell, que l'ajudin a potenciar-les o optimitzar-les. Marcar petits reptes personals dins d'alguna de les tasques grupals d'entrenament, per exemple: si el jugador J.V.A. sol utilitzar la planta del peu per trepitjar i aturar la pilota amb freqüència, en comptes d'orientar el joc controlant la pilota amb l'interior de la cama allunyada, podem proposar-li que compti durant el primer exercici de l'entrenament quantes vegades ha controlat correctament, i que quan canviem d'exercici vingui i li ho digui al segon entrenador. Aquest s'ho apuntarà en el seu full d'entrenament i podrà així portar un control durant la setmana, o el que s'hagi establert. Una altra manera de treballar-ho d'una forma més agressiva i ja de cara a l'última part d'aquesta periodització plantejada, seria comentar-li al jugador que cada vegada que durant la part final de la sessió, per exemple en els partits, controli amb la planta parant la pilota de forma innecessària, es xiularà com una falta i l'equip rival reiniciarà el joc.

Una altra de les vies per treballar amb el jugador es pot dur a terme des de fora del terreny de joc. La tecnologia d'avui en dia ajuda molt als jugadors, i és que el vídeo és una eina d'anàlisi fàcil d'utilitzar i no precisa d'un cost econòmic més enllà d'una càmera de vídeo i un trípode. A més, hi ha molts programes gratuïts de tall i edició d'imatges que faciliten i agilitzen la feina, fent ús d'imatges de vídeo no només dels partits, sinó també dels entrenaments. Sens dubte que per a un jugador, veure's en persona a la pantalla davant dels seus tècnics és un moment que no li serà indiferent.

VIDA EXTRA ESPORTIVA

El seguiment individualitzat del jugador també analitza i intervé sobre la persona, això explica perquè s'ha de separar el que fa com a futbolista dins de l'àmbit esportiu del que viu fora d'aquest àmbit. Això és el que feia Sergio Vallecillo amb els jugadors infantils blaugranes com a segon entrenador, els convocava per reunir-se amb ells un a un i conèixer així la seva evolució acadèmica, indagar en els seus estats d'ànim i donar-los suport en tot el que fes falta. M'adono del veritable valor de la feina que va fer cada vegada que veig aquests mateixos jugadors regalar una abraçada i un somriure al retrobar-se amb Vallecillo anys després. No crec que hi hagi millor gest per part d'un jugador que has entrenat.

El segon ha de treballar en conèixer la persona el més profundament possible, com més informació obtinguem, més podrem ajudar-lo. No serveix saber només com és en el terreny de joc, el que fa dins de les sessions d'entrenament, com es relaciona amb seus companys o com competeix contra els rivals. Cal indagar en la seva vida personal, conèixer el seu entorn social i familiar, així com descobrir aquells aspectes més destacats del seu passat i saber quines són les seves motivacions o aspiracions en el seu futur pròxim. En aquesta mateixa direcció, Albert Benaiges, excoordinador del futbol base del FC Barcelona, té molt clar que l'educació i la formació extra esportiva del jugador és un dels pilars de l'èxit formatiu a la base (Puig, 2009: 126):

> *"El futbol és un esport col·lectiu i els formadors hem d'incidir molt en l'aspecte humà, perquè, per molta qualitat tècnica o física que tingui un noi, sinó té el cap ben moblat, es quedarà pel camí. Alguns arriben, però molt pocs. Fa pena veure jugadors amb molta qualitat en categories regionals i descobrir que no han jugat en categories superiors perquè han tingut problemes personals, manca d'educació, drogues, alcohol... En fi, la formació personal del futbolista és fonamental. Perquè un jugador arribi al primer equip del Barça, evidentment ha de ser molt bo futbolísticament, però sobretot ha d'estar ben format a nivell personal, ha d'estar preparat per assumir tot el que suposa jugar al Barça".*

D'aquesta manera s'enfoquen els esforços com a segons entrenadors en conèixer bé i de forma individualitzada quatre aspectes fonamentals de la vida extra esportiva del jove jugador de futbol:

- Entorn social
- Entorn familiar
- Desenvolupament personal
- Evolució acadèmica

Bàsicament, l'entorn social és la cultura i societat on el jove va néixer i on inicialment es va desenvolupar; l'entorn familiar és la influència de la seva mare, pare i germans; el desenvolupament personal és bàsicament la personalitat, el caràcter, la motivació i els valors del jove esportista; i l'evolució acadèmica és el rendiment escolar.

Entorn social

Una definició d'"Entorn Social" de Barnett & Casper (2001) és la següent:

> "Els entorns socials humans abasten l'entorn físic immediat, les relacions socials i mitjans culturals dins dels grups definits en funció de les persones i l'acte internacional. Els components de l'entorn social inclouen la infraestructura industrial i l'estructura ocupacional; els mercats de treball; els processos econòmics; la riquesa i els serveis de salut; les relacions de poder; de governació; les relacions racials; la desigualtat social; les pràctiques culturals; les arts; les institucions religioses; i les pràctiques i creences sobre el lloc i comunitat. L'entorn social subsumeix molts aspectes de l'entorn físic, atès que els paisatges contemporanis, els recursos sobre l'aigua i altres recursos naturals configuren, com a mínim parcialment pels humans, els processos socials. Incrustat dins els entorns socials estan les històries socials i relacions de poder que s'han institucionalitzat a través del temps".

A grans trets s'ha de conèixer on va néixer, la procedència de seus progenitors, i on ha crescut en els últims anys. Si no es coneix la cultura d'aquesta ciutat, regió o país, caldrà informar-se per al menys tenir una noció dels següents aspectes: els costums culturals que influeixen en la seva pràctica esportiva, la llengua materna, la religió i els hàbits alimentaris. Es posa com a exemple un equip aleví de la ciutat catalana de Tarragona. El primer dia de pretemporada s'han incorporat a la plantilla tres jugadors nous: *Mike,* que ve de Los Angeles (Califòrnia, USA), *Hicham* de Tetuan (Marroc) i *Juan* de Toledo (Espanya):

- De *Mike* que ve de Los Angeles, cal saber que al seu país el pudor per la intimitat és molt més gran que en la nostra **cultura**. Li costarà molt canviar-se de roba i dutxar-se amb la resta de companys, atès que al seu país d'origen solen venir canviats de casa i es dutxen a casa, la seva religió generalment és com la nostra, cristiana, parla l'anglès americà (American English) i pot ser que entengui una mica l'espanyol per la forta influència llatina en el sud de Califòrnia. Preguntar si els seus pares són llatins o nord americans pot ajudar també una mica a conèixer millor les seves arrels i el seu **llenguatge**.

- De *Hicham,* que ve de Tetuan, cal esbrinar si parla un altre idioma que no sigui l'àrab, si és musulmà de **religió**, i a més, si l'influeix en els seus **hàbits alimentaris**, com ara que no pugui menjar carn, sobretot la de porc pel *haram*, i les restriccions en el mes de Ramadà, quan per la seva fe i per les seues creences practiquen el dejuni diari.

- De *Juan,* que ve de Toledo, es coneix més fàcilment la seva cultura, essent espanyol i amb un entorn social molt més semblant al nostre; comunicar-se amb ell serà simple en castellà, tot i que l'aprenentatge del català li serà requerit sobretot a l'escola obligatòria. Ni la religió ni els hàbits alimentaris no seran, a priori, cap inconvenient per a la seva adaptació al grup ni en la pràctica esportiva.

Entorn familiar

Sens dubte, la família és un element molt important en la vida de les persones, els més propers com el pare i mare, germans o tutor legal, són considerats com un factor determinant en la identitat i els plans de la gent. Segons Coria *et al.,* (2012: 176) la família és:

> *"La divisió més petita de la societat, o el grup més íntim al que pot pertànyer una persona. En aquest grup és on l'individu se sent amb més confiança i més identificat. A més, els valors, experiències, tradicions i costums de la família impacten en la vida de cada un seus membres i moltes vegades defineixen el comportament que presenten quan es troben fora del cercle familiar".*

Hi ha informació dels **pares** que caldrà dominar des de l'inici, saber si tots dos pares segueixen vius o no, si algun va morir i quina va ser la causa, conèixer d'on són mare i pare, si segueixen casats o al contrari, el nen ha patit una separació, si és recent, si va ser fàcil o complicada. En els últims trenta anys els índexs de divorci segueixen en augment; segons VanderValk (2005, a Coria *et al.,* 2012) l'estat civil dels pares és un factor determinant en el comportament dels fills. El divorci dels pares pot portar diferències en el comportament dels nens i pot continuar fins a l'adolescència o fins que són adults joves. A més, és important esbrinar si tenen un passat (o present) esportiu d'alt rendiment, sens dubte aquesta informació, ajudarà a entendre millor el jove jugador. Segons Sharon (2011, a Coria *et al.,* 2012) l'*habitus* que porta al nen a fer exercici és transmès per la família.

La influència per a un nen no ve només donada per la seva mare i pare, sinó també pels seus **germans**. És per això que, saber si té germans, sobretot grans, ajuda encara més a entendre millor al jove jugador, ja que per Christiansen (2008, a Coria *et al.*, 2012: 178):

> *"Dins dels models de la família es pot observar que els pares són el model d'influència per als fills; però en les famílies on hi ha diversos fills, els germans grans poden ser la major influència per als menors. Això no vol dir que els menors seran iguals a la gent gran, sinó que hi ha una tendència dels menors a aprendre dels actes de la gent gran i prendre diferents camins; així cada un va construint una vida diferent a la dels seus germans grans. Aquesta és una altra de les maneres en que dins del cercle familiar hi ha altres actors d'influència per als joves a més dels pares. Si bé aquestes altres influències són menys fortes, no es pot ignorar la seva importància en la presa de decisions dels individus".*

També cal tenir en compte, pels motius que siguin, si són altres parentius familiars o bé un **tutor legal** qui es fan càrrec a efectes legals del jove jugador. En aquest cas cal saber qui són, cosa que ens aportarà una informació molt rellevant i necessària a l'hora de realitzar el seguiment individualitzat i de mantenir un contacte amb la persona adulta encarregada legalment del jove jugador.

Desenvolupament personal

S'entén per desenvolupament personal l'afany de superació que motiva a avançar cap endavant; les dificultats que es trobarà cada persona a la vida aniran forjant una personalitat (Arias *et al.*, 2008: 117-118):

> *"Per aconseguir créixer o avançar es fixaran unes metes i en l'assoliment de les mateixes es trobaran dificultats, la qual cosa les fa més llunyanes i menys accessibles. La reacció davant d'aquestes ensopegades determinarà la ràpida consecució dels objectius; l'èxit rau en aprendre a reaccionar favorablement davant els inconvenients i aprendre a superar-los".*

Per analitzar el jove jugador i conèixer com és dins i fora dels terrenys de joc cal centrar-se bàsicament en tres aspectes de la seva forma de ser i actuar: els valors, el caràcter i la motivació esportiva i acadèmica.

Els **valors** que l'esport ensenya són els que el jugador ha d'interioritzar i posar en pràctica dins i fora dels terrenys de joc. Els que es presta més atenció mitjançant el comportament del jove jugador són, sobretot, el respecte, el compromís, el treball en equip i el joc net.

El respecte es diferencia en respecte per l'esport (a un mateix, al grup, al rival, a l'àrbitre, a les normes de joc, als entrenadors, als aficionats, al material i instal·lacions, a la puntualitat en els horaris), i el respecte a la cultura (sexe, religió, raça, ideologia). El compromís està relacionat amb el grau d'implicació del jugador amb l'equip, el seu sentit de pertinença al club i la humilitat. El treball en equip és un valor fonamental en un esport col·lectiu i sense la col·laboració dels companys és impossible participar, principal raó perquè el jove jugador interioritzi que forma part d'un equip, un grup de persones que han d'anar unides per aconseguir uns èxits comuns. El joc net és un dels valors més de moda del futbol (*fair play*); no fer trampes ni enganyar en el joc a l'àrbitre, llançar la pilota fora quan un company o rival està estès a terra per lesió, etc.

El **caràcter** ha estat definit de moltes maneres, una de molt reconeguda és la de Sants (2004) que diu que *"és el segell que ens identifica i diferencia dels nostres semblants, producte de l'aprenentatge social"*, amb un comportament únic, un conjunt de reaccions i hàbits que al llarg de la vida es van adquirint, ja que no es manifesta d'una manera definitiva, sinó que té un procés evolutiu que es va desenvolupant fins a arribar a la seva completa expressió en el final de l'adolescència.

Existeixen diferents tipus de caràcter en les persones: el nerviós (canvia contínuament d'interessos, molt entusiasta, mancat d'ordre, disciplina i perseverança, de poca voluntat, distret i que s'esforça només quan hi ha un interès propi); el sentimental (sensible i tímid, insegur, reflexiu, amb problemes d'adaptació als canvis i que s'enfonsa ràpidament davant les adversitats); el colèric (sempre ocupat, atrevit, que sol improvisar, precipitat, extravertit, amb rampells i abandonaments davant el perill no acabant el que va començar, que comprèn ràpidament i es mostra tens amb facilitat); l'apassionat (gran memòria, imaginació i capacitat de treball, sempre ocupat, estudiós, ordenat i metòdic); el sanguini (es mou per resultats a curt termini, poc sensible, treballador, sol mentir per aconseguir els seus objectius, ho pensa tot amb fredor, és extravertit i social, curiós, molt adaptable a qualsevol ambient); el flegmàtic (dòcil, tranquil, reflexiu i metòdic, callat, ordenat, li agrada treballar sol, puntual i amb bona aptitud); el amorf (mandrós, desordenat, es deixa portar, malgastador, impuntual, poc entusiasta, social i extravertit); i l'apàtic (tancat, malenconiós, tossut, mandrós, indiferent, poc interessat en activitats i pobre en idees).

Millor que catalogar el tipus de caràcter que té el jugador, és més interessant indagar i conèixer els aspectes més rellevants del seu caràcter: ambició, disciplina i resiliència. L'ambició és l'entusiasme per fer les coses, les seves aspiracions en el futur; la disciplina és el compliment de les normes que s'estableixen tant dins de l'esport com en la societat; i la resiliència és la capacitat d'afrontar les adversitats sortint reforçat i enfortit; és l'autosuperació i l'autosuficiència.

La **motivació** ha estat estudiada des de diverses perspectives teòriques (conductual, humanista i cognitiva); això explicaria perquè s'han formulat infinitat de definicions. Si ens centrem en l'etimologia del terme motivació, procedeix del llatí *motus*, relacionat amb allò que mobilitza la persona per executar una activitat. D'aquesta manera, Naranjo (2009: 153-154) dóna una definició amb una perspectiva molt adequada:

> *"Procés pel qual el subjecte es planteja un objectiu, utilitza els recursos adequats i manté una determinada conducta, amb el propòsit d'aconseguir una meta".*

Hi ha dos tipus principals de motivació en la vida del jove jugador de futbol: la motivació per l'esport i la motivació acadèmica. La motivació per l'esport es pot intuir en el jove segons el grau d'interès que té per a la pràctica esportiva; si està motivat per l'entrenament, si presenta il·lusió i alegria, si prefereix venir als entrenaments abans que quedar-se a casa o realitzant una altra activitat, si la seva motivació és seguir practicant el futbol per molt de temps, si vol ser professional, etc.

La motivació acadèmica és la que el jove mostra pels seus estudis en la formació escolar. Aquesta pot ser adequada i anar progressant curs a curs fins a finalitzar l'*Educació Primària* (EP) i l'*Educació Secundària Obligatòria* (ESO) satisfactòriament, fins i tot seguir amb l'*Educació Secundària Post obligatòria* (Batxillerat i «FP» de grau mitjà) i iniciar-se en l'*Educació Superior* (estudis universitaris i «FP» de grau superior). Però també pot ser que el jove vegi la seva motivació reduïda amb el pas dels anys i caigui en l'*abandonament escolar primerenc* (el seu significat oficial és no seguir estudiant més enllà de l'ESO). Per detectar i fins i tot ajudar al jove jugador a que no abandoni els seus estudis, el segon entrenador ha d'interessar-se per la seva evolució acadèmica, tot demanant les qualificacions trimestrals dels joves jugadors. Amb això coneixerà la seva evolució escolar, a més d'analitzar les seves baixades de rendiment a l'escola, que detectarà gràcies a aquest seguiment. Encara que aquest no sigui un professor (o sí que ho sigui en la seva jornada laboral), sí que és un clar educador i haurà d'incentivar els seus jugadors de forma individualitzada a que segueixin estudiant motivats; fer-los entendre mitjançant les pràctiques esportives que la seva educació és fonamental per al desenvolupament de qualsevol persona, i també, és clau per als esportistes.

És important mantenir la motivació pels estudis encara que molts jugadors no es vegin vàlids però si en canvi per a l'esport. Naranjo presenta una sèrie d'accions que influeixen en la motivació de l'estudiant (2009: 166):

- *Ajudar la persona estudiant a descobrir i confiar en les seves capacitats i habilitats eliminant idees errònies que pugui tenir respecte de la seva autoeficàcia.*
- *Analitzar la importància de les activitats educatives i de l'aprenentatge en general per a la vida.*
- *Facilitar experiències d'èxit acadèmic que afavoreixin el propi concepte i l'autoestima.*
- *Promoure ambients educatius que beneficiïn la dimensió afectiva, la qual cosa evita així l'aparició de l'avorriment, l'estrès o l'ansietat que augmenten els sentiments i idees de fracàs i menyscaben la valoració personal i el rendiment acadèmic.*
- *Permetre l'expressió d'emocions que es viuen quan s'enfronten situacions de fracàs i ajudar a eliminar aquelles idees negatives o irracionals que es podrien estar sostenint, de manera que l'autoestima no es lesioni.*
- *Eliminar les amenaces, càstigs i humiliacions i, pel contrari, brindar espais per a l'atenció personal que permetin experimentar acceptació i respecte.*
- *Propiciar situacions plaents de tranquil·litat i èxit, de manera que la persona se senti segura i valuosa.*
- *Desenvolupar processos d'ensenyament-aprenentatge que despertin el desig de descobrir, conèixer, experimentar i crear.*
- *Promoure experiències propícies per al desenvolupament de la independència, la resolució adequada de problemes i la presa de decisions autònomes.*

Evolució acadèmica

Com s'acaba d'assenyalar, conèixer el rendiment acadèmic del jove jugador és fonamental dins de tot el procés d'ensenyament-aprenentatge que volem aplicar al futbol base. El segon entrenador ha de tenir a la mà les **avaluacions** dels jugadors per identificar si el seu rendiment escolar és l'adequat, o si en cas contrari disminueix, ja que la pràctica esportiva regulada ajuda en el desenvolupament escolar i educatiu del jove esportista. Per això el club ha d'implicar-se a seguir l'evolució acadèmica del jugador i ajudar-lo en la mesura de les seves possibilitats. El simple fet de demanar les notes als jugadors de manera trimestral com a norma de club, ajuda en la seva motivació per seguir estudiant eficaçment, ja que veurà un nexe d'unió entre futbol i estudis. Si la gran motivació d'un nen és jugar a futbol, només cal lligar-ho amb el desenvolupament educatiu i escolar, i una manera fàcil, directa i eficaç és la de demanar les notes a tots els jugadors.

Després cada club ja ha de prendre les seves pròpies decisions de com actuar quan s'aprecia que el rendiment escolar baix. Cal posar-se en contacte amb els pares i l'escola (triangulació) i actuar de manera coordinada, fent saber al jove que el realment important en aquest moment de la seva vida és l'educació, que la motivació que mostra per la pràctica del futbol s'ha de veure també reflectida a l'escola. Serà d'aquesta manera, una necessitat bàsica el fer entendre als joves que per molt bon desenvolupament esportiu que tinguin, els estudis han de romandre en el seu dia a dia, com un hàbit tan o més important que la pràctica esportiva, encara que sigui d'alt rendiment.

Ja he mencionat en capítols anteriors a Laureano Ruiz, un vell conegut de *La Masia*, qui opina sobre aquest tema (Puig, 2009: 111):

> *"Als nens, cal cuidar-los i formar-los, sobretot, com persones. T'explicaré un cas que vaig viure a Barcelona. Quan vaig fitxar pel Barça, vaig voler saber què feien els jugadors del Juvenil quan no s'entrenaven. La meva sorpresa va ser enorme quan escoltava sempre la mateixa resposta: «Míster, jo jugo a futbol». Em vaig quedar horroritzat i vaig pensar que tenia una gran responsabilitat. No tots arribaran a ser futbolistes professionals... i què passarà amb el seu futur? Vaig parlar amb la directiva i vam obligar als nois a triar entre dues opcions: treballar o estudiar. Hem d'ensenyar-los a jugar a futbol, però, sobretot, hem de formar-los com a persones".*

Una altra manera que des dels clubs es pot incentivar l'estudi des la pràctica esportiva, i seguint amb la triangulació, és demanar **tutories** amb els professors o tutors dels centres escolars dels nostres jugadors per conèixer de primera mà, no només la seva evolució acadèmica, sinó el seu comportament i educació a l'escola. Si un es para a pensar en el temps que un nen passa a l'escola i es compara amb el temps que passa al club, t'adones que aquest és quatre o cinc vegades superior (depèn dels dies d'entrenament a la setmana). Això vol dir que, irremeiablement, tot allò que li passa al nen a l'escola l'afecta en la pràctica i el rendiment esportiu.

Probablement mai ens haguem parat a pensar en els efectes positius que pot tenir en els nens d'un club de futbol veure els seus entrenadors pel seu col·legi. Les seves cares de sorpresa, sens dubte, no tenen preu. En aquest mateix moment s'estan adonant quant importants són ells per al club, que realment importen, que se'ls cuida a nivell personal i no només esportiu. S'adonen que els estudis són importants fora de la pràctica esportiva. És en aquest moment que la implicació del jugador creix pel club i per la seva educació. Quan xerres amb ells abans, durant o després de l'entrenament i els comentes aquelles coses d'ells que mai haguessin pensat que els seus entrenadors sabien, aquelles coses que passen a l'escola. Ja no queden només allà, sinó que, a més, tenen efectes en la seva pràctica esportiva. La informació que aporta un professor o tutor sobre la seva actitud a classe amb els altres, sobre el seu comportament al pati a l'hora de l'esbarjo, sobre la seva nota excel·lent en alguna assignatura en concret, o al contrari, del seu baix rendiment en el segon trimestre, sobre la seva baralla amb un company. Aquesta informació és or, ja que es podrà fer servir en el moment que més convingui amb el jugador.

El rendiment escolar d'un nen pot veure's millorat gràcies a la implicació d'un club esportiu, però hi ha també un aspecte molt positiu amb efecte retroactiu, i és el grau de pertinença que tindrà el jugador cap al club. Sens dubte que aquest i la seva família, en saber que el seu club està apostant fort per conèixer i ajudar-lo en el seu procés esportiu i extra esportiu (educatiu), valorarà amb el pas del temps l'esforç realitzat per tots els estaments del club. Això vol dir, entre altres coses, que defensarà amb orgull i passió la samarreta que es vesteix el cap de setmana, que si algun dia rep alguna oferta per un altre club, la seva estima i afecció per l'actual sigui tan gran que decideixi no deixar-lo. Sens dubte, és un gran valor que es pot aconseguir a través de totes les mesures anteriorment comentades per realitzar un seguiment individualitzat del jugador. Aquest serà el gran baluard del club, el gran fet diferencial amb els altres clubs del voltant, atès que tots ensenyen a jugar a futbol, millor o pitjor, però la majoria no concentren els seus esforços en realment formar i ajudar al jugador com a persona i futbolista.

REFERÈNCIES

- Abelairas, C., López, S., Rodríguez, D. (2012). La figura del entrenador y sus competencias en los deportes colectivos. *IV Congreso Internacional de Ciencias del Deporte y la Educación Física*. (VIII Seminario Nacional de Nutrición, Medicina y Rendimiento Deportivo), Universidad de Vigo, Universidad de Coruña y Universidad Pontificia de Salamanca. Pontevedra, España. 10-12 Mayo 2012.
- Ares, A. y Chicharro, F. (2005). *Manual para el entrenamiento de porteros de fútbol base*. Barcelona: Editorial Paidotribo.
- Barnett, E. and Casper, M. (2001). *A definition of "social environment"*. American Journal of Public Health, 91 (39). 465. Recuperat el 15 de febrer de 2016 de http://www.ncbi.nlm.nih.gov/pmc/articles/PMC1446600/pdf/11249033.pdf
- Bauer, G. y Ueberle, H. (1988). *Fútbol. Factores de rendimiento, dirección de jugadores y del equipo*. Barcelona: Ediciones Martínez Roca.
- Bdfutbol (2016). *Base de Dades Històrica de Futbol*. Recuperat el 21 de juliol de 2016 de http://www.bdfutbol.com/
- Bebbington, J. (1979). *The young player's guide to soccer*. London: David & Charles Newton Abbot.
- Benítez, R. (1989). ¿Es el ordenador útil para el entrenador? *Ciencia y Técnica del Fútbol (I Congreso Internacional)*. Madrid. Escuela Nacional de Fútbol (RFEF), 24-28 Julio. 229-235.
- Benítez, R. (2013, 23 de agosto). *La gestión de un club según Rafa Benítez*. El Blog de Rafa Benítez. Recuperat el 29 de març de 2016 de http://www.rafabenitez.com/web/es/blog/la-gestion-club-segun-rafa-benitez/59/
- Binder, Th. and Brasse, M. (1998): *Football Dictionary*. Federation Internationale de Football Assocation. Heitersheim: FIFA.
- Bucher, W. and Bruggman, B. (2005). *1000 Ejercicios y Juegos de Fútbol Base*. Barcelona: Hispano Europea.
- Bumbel, O. (1982). *La Logística del Fútbol Actual*. Madrid: Esteban Sanz Martínez.
- Coca, S. (2006). El Mundo de los Valores Humanos en el Fútbol Base. *Training Fútbol. Revista Técnica Profesional* (128). 28-33.
- Cook, M. (1982). *Soccer. Coaching & Team Management*. Southampton: Lawrie McMenemy.
- Coria, A., Jasso, B., Gabriela, E. y De la Luz, P. (2012). *El entorno familiar y su Influencia en el plan de vida de los jóvenes en una universidad privada de Monterrey*, México. Intersticios. Revista Sociológica de Pensamiento Crítico, 6 (2). 175-190. Recuperat el 19 d'abril de 2016 de http://www.intersticios.es/article/view/10460
- Crespo, D. (2006). *Deporte para el Desarrollo y la Paz*. Madrid: Naciones unidas.
- Cruyff, J. (2002). *Me Gusta el Fútbol*. Barcelona: RBA.

- CSD (2016). *Memoria 2014 de las Licencias y Clubes Federados.* Recuperat el 8 d'abril de 2016 de http://www.csd.gob.es/csd/estaticos/asoc-fed/licenciasyclubes-2014.pdf
- Cudeiro, J. (2015, 4 de octubre), *La premier devalúa al "manager".* El País. Recuperat el 2 de març de 2016 de http://deportes.elpais.com/deportes/2015/10/04/actualidad/1443976213_899604.html
- Del Mar, J. (2016, 29 de febrero). La escuela del Rayo. Tienen cerca de 1.000 niños. La sala de estudios está abierta hasta que llega el último padre. Sin ella, no podrían jugar. Recuperat el 29 de febrer de 2016 de http://www.marca.com/futbol/rayo/2016/02/29/56d47b0a46163ff65e8b4614.html
- Ecodiario.es (2013, 4 de diciembre). *El SMS de Mourinho a Karanka en el que le invitaba a irse del Real Madrid con él.* Recuperat el 26 de març de 2016 de http://ecodiario.eleconomista.es/futbol/noticias/5368672/12/13/El-SMS-de-Mourinho-a-Karanka-en-el-que-le-invitaba-a-irse-del-Real-Madrid-con-el.html
- Europa Press (2010, 17 de mayo). *Mourinho elogia a Van Gaal como uno des sus mentores.* Recuperat el 16 d'abril de 2016 de http://www.marca.com/2010/05/17/futbol/liga_campeones/1274118273.html
- Fcf (2016). *Federació catalana de futbol.* Recuperat l'1 de maig de 2016 de http://fcf.cat/
- FIFA (2016). *Grassroots. El entrenador-educador de fútbol.* Recuperat el 17 de març de 2016 de http://grassroots.fifa.com/es/para-entrenadores-educadores-de-futbol/direccion-tecnica-de-futbol-base/el-entrenador-educador-de-futbol/perfil-del-entrenador-educador-de-futbol.html
- FIFA (2016). *Grassroots.* Recuperat el 29 de juliol de 2016 de http://grassroots.fifa.com/fileadmin/assets/pdf/grassroots_es.pdf
- FIFA (2016). *Reglamento sobre el Estatuto y la Transferencia de Jugadores.* Recuperat el 9 d'abril de 2016 de http://resources.fifa.com/mm/document/affederation/administration/01/95/83/85/regulationsstatusandtransfer_2014_s_spanish.pdf
- Futbol Club Barcelona (2016). *Noticias. La Masia de visita a Montserrat.* Recuperat el 18 d'abril de 2016 de http://www.fcbarcelona.es/futbol/formativo/detalle/noticia/la-masia-de-visita-a-montserrat
- Gimeno Martín, S. y Valero Iglesias, L. (1998). ¿El deporte educa? *Revista Puertas a la Lectura, 4.* 27-40. Universidad de Extremadura.
- Gomà, A. (1999). Manual moderno del entrenador de fútbol. Barcelona: Paidotribo.
- Gómez, L., (1999). Desarrollo y finalización de las acciones ofensivas. Análisis comparativo USA '94, Francia '98 y Liga española 98-99. *El Entrenador Español.* (83). 52-57.
- Hernández, J. (1998). *Fundamentos del deporte. Análisis de las estructuras del juego deportivo.* Barcelona: Inde.
- Hernández, R., Fernández-Collado, C., y Baptista P. (2007). *Metodología de la investigación* (4o ed.). México: McGraw-Hill.
- Juanmartí, T. (2016, 29 de febrero). *Unzué, el crack en la sombra del Barça.* Recuperat el 4 de març de 2016 de

http://www.sport.es/es/noticias/barca/unzue-crack-sombra-del-barca-4937009
- Koch, W. and Kranspe, D. (1996). *Programas de entrenamiento. 14-15 años. Colección Fútbol*. Barcelon: Paidotribo.
- Lacuesta, F. (1997). *Tratado de fútbol. Técnica, acciones del juego, estrategia y táctica*. Madrid: Gymnos Editorial.
- LaLiga (2015, 12 de marzo). *Las canteras del fútbol español. El fútbol base es fundamental en la estructura del balompié español, y LFP.es hace un repaso de las canteras que más jugadores aportan a la Liga BBVA*. Recuperat el 13 d'abril de 2016 de http://www.laliga.es/noticias/las-canteras-del-futbol-espanol
- Langlade, A. (1976). *Fútbol. Entrenamiento para la alta competencia*. Buenos Aires: Editorial Stadium.
- Liga BBVA (2016). *Entrevista a Enrique Castro "Quini": Al fútbol actual le falta educación*. Revista Líbero. Recuperat el 15 de març de 2016 de https://www.ligabbva.com/revista-libero/164501/quini-al-futbol-actual-le-falta-educacion/
- López, F. (2001). *Manual de iniciación y orientaciones metodológicas para escuelas de fútbol*. Sevilla: C.E.D.I.F.A.
- McCourt, F. (2006). *El profesor*. Madrid: Maeva Ediciones.
- Mera, J. (1975). *Fútbol. El arte de entrenar*. México: Libro-Mex Editores.
- Mombaerts, E. (2000). *Fútbol. Del análisis del juego a la formación del jugador*. Barcelona: Editorial Inde.
- Moreno, M. (1994a): *Táctica, estrategia y sistemas de juego*. Curso nivel 3. Escuela Nacional de Entrenadores. Madrid: Real Federación Española de Fútbol.
- Moreno, M. (2002). Estrategia futbolística. *El Entrenador Español* (95). 5-7
- Moreno, M. y García-Aranda, J. Mª. (1998). *La actividad física y deportiva extraescolar en los centros educativos. Fútbol*. Madrid: Consejo Superior de Deportes.
- Naranjo, M. (2009). Motivación: *Perspectivas teóricas y algunas consideraciones de su importancia en el ámbito educativo*. Universidad de Costa Rica. Revista Educación, 33 (2). 153-170. Recuperat el 19 d'abril de 2016 de http://www.redalyc.org/pdf/440/44012058010.pdf
- Oliveira, B., Ameiro, N., Resende, N. y Barreto, R. (2007). *Mourinho. ¿Por qué tantas victorias?* Pontevedra: MCSports.
- Orts, F. (2005). *La gestión municipal del deporte en edad escolar*. Barcelona: Inde.
- Owen, B. (2016, 10 de febrero). *El descubridor de Vardy y Mahrez, una leyenda en el Leicester*. Recuperat l'11 de febrer de 2016 de http://www.sport.es/es/noticias/inglaterra/walsh-vardy-mahrez-leyenda-leicester-4887347
- P. De Knop, P. Wylleman, M. Theeboom, K. De Martelaer, L. Van Puymbroek and H. Wittock (1998). *Clubes deportivos para niños y jóvenes*. Málaga: Instituto Andaluz del Deporte.
- Pacheco, R. (2004). *Fútbol: La enseñanza y el entrenamiento del fútbol 7. Un juego de iniciación al fútbol 11*. Barcelona: Editorial Paidotribo.
- Pérez, M. (2004). *Entrenadores deportivos: La clave del éxito*. Sevilla: Wanceulen.

- Portilla, L., Arias, L. y Villa, C. (2008). *El desarrollo personal en el proceso de crecimiento individual*. Universidad Tecnológica de Pereira, Colombia. Scientia Et Technica, 14 (40). 117-119. Recuperat el 24 de març de 2016 de http://www.redalyc.org/pdf/849/84920454022.pdf
- Puig, A. (2009). *La força d'un somni. Els camins de l'èxit*. Barcelona: Plataforma Editorial.
- Ramírez, P. (2015). *Así lideras, así compites. Todo lo que necesitas saber para sacar lo mejor de tu gente*. Barcelona: Penguin Random House Grupo Editorial.
- Real Academia Española. (2016). Diccionario de la lengua española, edición del tricentenario. Recuperat l'1 de febrer de 2016 de http://dle.rae.es/?w=cantera
- Real Federación Española de Fútbol (2015). *Así ha sido la mañana de la primera jornada del II Curso de formación continua de la Licencia UEFA*. Recuperat l'11 de febrer de 2016 de http://www.rfef.es/noticias/rfef/minuto-minuto-no-te-pierdas-lo-que-esta-sucediendo-ii-jornada-formacion-continua
- Real Federación Española de Fútbol (2015). *Así ha sido el MINUTO A MINUTO de la segunda jornada del II Curso de formación continua de la Licencia UEFA*. Recuperat l'11 de febrer de 2016 de http://www.rfef.es/noticias/rfef/minuto-minuto-asi-transcurre-segunda-jornada-del-ii-curso-formacion-continua-licencia
- Real Federación Española de Fútbol (2016). *XXI Curso Superior de Formación de Directores Deportivos*. Marzo-Mayo 2016. Recuperat el 27 d'abril de 2016 de http://www.rfef.es/formacion/curso-directores-deportivos
- Reverter, J., Ribera, D. y Picó, D. (2015). *Fundamentos de Francisco Seirul.lo Vargas para la Educación Motriz*. Recuperat el 27 d'agost de 2016 de
- http://www.entrenamientodeportivo.org/articulos/01_Libro_Fundamentos_Seirul_lo_para_Educacion_Motriz_18marzo2015.pdf
- Ruiz, L. (1986). *Fútbol: de la base a la cúspide*. Barcelona: Ediciones Deporte y Cultura.
- Santos, J. (2004). *La Ruta: un mapa para construir futuros*. El Salvador: Editorial de la Universidad de El Salvador.
- Sefutbol. Medio oficial selección española de fútbol (2013, 20 de agosto). *Toni Grande, el gran hombre detrás del Seleccionador*. Recuperat el 4 d'abril de 2016 de http://www.sefutbol.com/toni-grande-gran-hombre-detras-del-seleccionador
- Silva, D. (2011). *Práxis de las acciones a balón parado en fútbol. Revisión conceptual bajo las teorías de la praxiología motriz*. Tesis Doctoral. Tarragona: URV (Dir. Dra. Carmen Pérez).
- Simon, J. and Reeves, J. (1997). *Fútbol. Jugadas a balón parado*. Barcelona: Hispano Europea.
- Sport.es (2012, 19 de noviembre). *Así fue la primera charla de Guardiola en el Barça*. Recuperat el 30 d'agost de 2016 de http://www.sport.es/es/noticias/barca/asi-fue-primera-charla-guardiola-barca-2253161#
- Suanzes, P. (2014, 19 de enero). *Running, una fiebre multimillonaria*. Recuperat el 29 de gener de 2016 de http://www.elmundo.es/economia/2014/01/19/52daf5db22601d436e8b4574.html

- Suárez, O. (2011). *Palabra de entrenador. Reflexiones, anécdotas y método de los mejores técnicos del fútbol español.* Barcelona: Editorial Córner.
- Taylor, J. B., James, N. and Mellalieu, S. D. (2005): National analysis of corner kicks in english premier league soccer. Science and Football V. *The procedings of the fifht world congress on science and football*, edited by T. Reilly, J. Cabri and D. Araújo. Cornwall: Routlegde. 225-230.
- Tzu, S. (siglo IV a. C.). *El arte de la guerra.* Edición de J.R. Ayllón. Madrid: Mr. Ediciones.
- Warren, W. and Danner, G. (2004). *Fútbol: Guía de supervivencia del entrenador de fútbol. Técnicas de entrenamiento y estrategias para elaborar una planificación eficaz y un equipo ganador.* Barcelona: Editorial Paidotribo.
- Wein, H. (2004). *Fútbol a la medida del niño.* Madrid: Gymnos.
- Wikipedia. La enciclopedia libre (2016). Recuperat el 20 de juliol de 2016 de http://www.wikipedia.org

www.ingramcontent.com/pod-product-compliance
Lightning Source LLC
Chambersburg PA
CBHW080544170426
43195CB00016B/2672